原 信夫・松倉佳子・佐藤ちひろ 編著

佐藤 恵　八田清果　佐藤純子
室井佑美　守　巧　石本真紀
髙橋雅人　丸橋亮子

子育て支援

「子どもが育つ」をともに支える

Child Care Support:
To support child's growth together

北樹出版

　2019年4月から実施された保育士養成課程では、子どもの育ちや家庭への支援の内容を充実させる観点から、3つの科目が再編・整理された。「子ども家庭支援の心理学」「子ども家庭支援論」「子育て支援」の3科目である。

　「子ども家庭支援の心理学」では、子育て支援の対象となる子どもや子育て家庭について、全体としてまとめて理解することを目指す。家庭の意義や機能、子どもの発達過程、精神保健などが主な内容である。「子ども家庭支援論」では、子育て支援の意義や役割、支援のための基本的知識やその体制、支援の内容について学ぶ。子育て支援に関する基本的な理解を深めることが目的である。

　それに対して、「子育て支援」は、子育て支援の実践的な事項を学ぶことを目的とする。「子育て支援」は支援の方法、技術を学ぶ科目であり、その事項として、相談、助言、情報提供、行動見本の支援などがある。支援の実際を学ぶことから、演習科目として設定されている。

　「子育て支援」の科目としての目標は、

　1.　保育士の行う保育の専門性を背景とした保護者に対する相談、助言、情報提供、行動見本の提示等の支援（保育相談支援）について、その特性と展開を具体的に理解する。

　2.　保育士の行う子育て支援について、様々な場や対象に即した支援の内容と方法及び技術を、実践事例等を通して具体的に理解する、の2点である。

　本書は、上記の保育士養成課程の目標と、そこで示された内容を踏まえ、全15章を3部に分けて構成されている。各章には学習内容に合わせたワークを載せ、ワークを使った演習を通して学べるように書かれている。

　第1部「保育士の行う子育て支援の特性」では、日常的な関わりの中で子育て家庭のニーズを汲み取り、支援へとつなげる際に必要な事項と、保育士が行う子育て支援の基本的な方法について学ぶ。

　第2部「保育士の行う子育て支援の展開」では、子育て支援の流れと相談過程について、事例を通して学ぶ。問題の把握から支援計画を立て、支援を行って、それを評価し、次の支援へとつなげる過程を、一つの事例を継続して検討し理解する。

　第3部「保育士の行う子育て支援とその実際（内容・方法・技術）」では、子育て支援の対象ごとに、個別の事例を挙げながら、支援について具体的に学ぶ。取り上げるのは、保育所と地域での子育て支援、虐待、要保護児童とその家庭、多様な支援ニーズを抱える子育て家庭である。

　保育をこれから学ぶ学生の皆さんは、現場での支援に関わった経験は少ないだろう。それを補うため、保育士養成課程の多くの科目で、現実に即した事例を通して学ぶことになっている。「子育て支援」も同様である。本書で取り上げた事例は、実際の事例そのものではなく、プライバシーに配慮して修正したり、また学習のため作り変えたりしてある。それでも、支援の現

場で生じる、様々な状況や問題が網羅されている。実際の支援では、どのように考え、どう関わり、どのような支援を行うか、しっかり学んでもらいたい。

　各章の最初には、その章で学ぶべきポイントを示し、章の最後に、その章のキーワードを載せた。章によっては、章末に必要な用語解説を加えてある。さらに学習を進めたい人のために、章ごとにブックガイドも記した。保育を学ぶ学生はもちろんのこと、子育て支援に関心がある方たちや、すでに保育士として働く方たちの資質向上のためにも、広く役立てていただきたいと願っている。

編者を代表して　原　信夫

目　次

はじめに　iii

第 1 部　保育士の行う子育て支援の特性　1

第 1 章　子どもの保育とともに行う保護者の支援 ………………………………………… 2
　1　保育と子育て支援　2
　（1）子どもの最善の利益　2
　（2）保育士の専門性　3
　2　保育士が行う子育て支援　5

第 2 章　日常的・継続的なかかわりを通じた保護者との相互理解と信頼関係のかたち …… 7
　1　日常的・継続的なかかわりを通した保護者への支援　7
　2　保育士と保護者との関係性　8
　（1）なぜ信頼関係が必要なのか　8
　（2）保育士と保護者の間における相互理解と信頼関係とは　8
　（3）信頼関係形成のための保育士の基本的態度・姿勢　9

第 3 章　保護者や家庭の抱える支援ニーズへの気づきと多面的な理解 ……………………… 12
　1　家族形態の変容と子育て家庭の状況　12
　（1）少子化社会と子育て家庭の縮小化・孤立化　12
　（2）現代社会と子育てと子育ち　12
　2　多様化する子育て家庭と福祉ニーズ　13
　（1）膨らんでいく支援ニーズ　13
　（2）子育て家庭の力が育まれる支援の必要性　13
　3　子育て家庭の支援ニーズに気づき・理解し・対応する　14

第 4 章　子ども・保護者が多様な他者とかかわる機会や場の提供 ……………………………… 16
　1　子ども・保護者が出会う「多様な他者」とは　16
　（1）多様な他者とかかわる上での現代社会の特徴　16
　（2）出会う環境の範囲とそこで出会う他者　17
　2　子ども・保護者が多様な他者とかかわる「機会」や「場」　19
　（1）多様な他者とかかわる機会を提供する主催者　19
　（2）様々な主催者が設ける機会や場と内容　20
　　1）公立図書館における機会や場、内容（フォーマル・公共団体）　2）病院における機会や場、内容（フォーマル・民間団体）　3）インフォーマルな関係性における機会や場、内容
　3　保育士の行う、多様な他者とかかわる機会や場の提供　21
　（1）保育士の専門性　21
　（2）保育士の専門性を発揮した機会や場の設定と意識すべき 3 つの間　22
　　1）保育士が行う多様な他者とかかわる機会や場の設定　2）保育士が機会や場において意識すべき 3 つの間

第5章　保育士として子育て支援を行うために　Part 1—自己理解・他者理解 ························ 24

　1　自己理解　24

　　(1) 自分を理解するとは　24

　　(2) 保育士に求められる自己理解　24

　2　他者理解　26

　　(1) 他者を理解するとは　26

　　(2) 保育士に求められる他者理解　28

第6章　保育士として子育て支援を行うために　Part 2—価値観の違い、コミュニケーションの技法 ··········· 30

　1　価値観の違い　30

　2　自分とは異なる他者を理解するということ　30

　　(1) 共感とは何か　30

　　(2) 基本のコミュニケーション技法　32

　　　1) 言語的コミュニケーション　2) 非言語的コミュニケーション

第2部　保育士の行う子育て支援の展開　35

第7章　子育て支援のプロセス ····························· 36

　1　子育て支援のプロセス　36

　　(1) ケースの発見・インテーク　36

　　(2) アセスメント（事前評価）　37

　　(3) 支援計画（プランニング）　40

　　(4) 介入（インターベンション）　41

　　(5) モニタリング　41

　　(6) 評　価　41

　　(7) 終　結　41

　2　職員間の連携・協働　42

　3　社会資源の活用と自治体・関係機関や専門職との連携・協働　43

　　(1) 社会資源の活用　43

　　(2) 自治体・関係機関や専門職との連携・協働　43

第8章　事例で考える子育て支援のプロセス ····························· 45

　1　インテーク　45

　　(1) 事例の概要　45

　　(2) ケースの発見・インテーク　45

　　(3) 解説と考察　46

　2　アセスメント　46

　　(1) 事例の概要　46

　　(2) 解説と考察　48

　3　プランニング・インターベンション　49

　　(1) 事例の概要　49

　　(2) 解説と考察　50

　　4　再アセスメント・再プランニング　51

　　　（1）事例の概要　51

　　　（2）解説と考察　52

第3部　保育士の行う子育て支援とその実際（内容・方法・技術）　53

第9章　保育士の行う子育て支援とその実際 ············· 54

　　1　保護者の抱える子育ての悩みと相談内容　54

　　2　保育所利用家庭に対する支援の内容　55

　　　（1）送迎時の丁寧な対応　55

　　　（2）個人面談　55

　　　（3）保護者向け講座の実施　56

　　　（4）父親懇談会　56

　　　（5）出会い保育　57

　　3　事例検討　57

　　　（1）事例1：保育園に不信感を抱く保護者　57

　　　（2）事例2：認められたい保護者　59

　　　（3）事例3：保育者と話をしたい保護者　60

　　4　事例の解説と考察　60

　　　（1）事例1について　60

　　　（2）事例2について　61

　　　（3）事例3について　62

第10章　地域の子育て支援に対する支援 ············· 63

　　1　地域の子育て家庭の現状　63

　　2　保育・幼児教育施設の特性を生かした子育て支援　64

　　3　保育園における地域子育て支援の実際　65

　　　（1）地域の子育てを支援するイベントの実施　65

　　　（2）ふれあい体験保育　65

　　　（3）ふれあい運動会　66

　　　（4）児童館との連携　66

　　　（5）おもちゃの広場　66

　　4　事例検討　67

　　　（1）事例1：保育園で開催「おもちゃの広場」　67

　　　（2）事例2：地域の親子と保育園をつなぐ「ふれあい運動会」　68

　　5　事例の解説と考察　70

　　　（1）事例1について　70

　　　（2）事例2について　70

第11章　障害のある子ども及びその家庭に対する支援 ············· 72

　　1　障害のある子どもの保護者が抱えている課題とその背景　72

　　(1) 保護者が置かれている状況　72

　　(2) 保護者は、日常的なかかわりから子どもの発達を理解していく　73

　　(3) 専門機関との連携や社会資源の活用　73

　　　1) 子どもの成長を共有する関係づくり　2) 保護者を社会資源につなげる

　2　事例：思うように関係がつくれなかった保護者　74

　3　事例の解説と考察　76

　4　保護者が子どもの障害を受容すること　77

　　(1) 障害の受容過程には多様性がある　77

　　(2) 障害受容に影響を与える要因　77

　　(3) 障害受容の過程　77

　　　1) 段階説モデル　2) らせん形モデル

　5　客観的に保護者を見守る保育者になるために　78

　　(1) "子どものため" という言葉　78

　　(2) 子どもの様子について障害名や容易に障害をイメージする言葉を使わないで説明できるように　79

　　(3) 専門機関とつながっているケース　79

第 12 章　特別な配慮を要する子ども及び家庭に対する支援 ·················· 81

　1　特別な配慮を要する子どもや家庭　81

　2　ひとり親家庭の現状　82

　3　ひとり親家庭の生活　82

　4　事例検討　83

　　(1) 場面 1：問題の発見　83

　　(2) 場面 2：インテークからアセスメントへ　84

　5　事例の解説と考察　85

　　(1) 場面 1 について　85

　　(2) 場面 2 について　85

　　(3) 配慮を必要とする子どもや家庭への支援のポイント　87

第 13 章　子ども虐待の予防と対応 ·················· 89

　1　子ども虐待について　89

　　(1) 子ども虐待の定義　89

　　　1) 身体的虐待　2) 性的虐待　3) ネグレクト　4) 心理的虐待

　　(2) 子ども虐待の発生要因　91

　　(3) DV（ドメスティック・バイオレンス）と子ども虐待　91

　　(4) 保育所における子ども虐待のチェックリスト　92

　　　1) 虐待の発見　2) 子ども虐待に係る通告

　2　子ども虐待と関係機関　93

　　(1) 児童相談所　93

　　(2) 子育て世代包括支援センター　93

　3　事例検討　94

　　(1) 事例 1：保育所内での事例　94

　　(2) 事例 2：ネグレクト（育児放棄）の事例　95

（3）事例 3：DV が疑われる虐待の事例　95
　4　事例の解説と考察　96
　（1）事例 1 について　96
　（2）事例 2 について　97
　（3）事例 3 について　98

第 14 章　要保護児童等の家庭に対する支援 ··· 99
　1　要保護児童と社会的養護施設　99
　（1）児童養護施設の支援の流れ　99
　　1）アドミッションケア　2）インケア　3）リービングケア　4）アフターケア
　（2）連携する専門職　101
　　1）個別対応職員　2）家庭支援専門相談員
　2　保護者の支援　101
　（1）保護者の状況を理解する　101
　（2）親子関係再構築の支援　101
　3　事例検討　102
　（1）事例 1：施設で生活を送る子どもへの支援について　102
　（2）事例 2：保護者への支援について　103
　（3）事例 3：家庭復帰にかかわる他機関との連携について　103
　4　事例の解説と考察　104
　（1）事例 1 について　104
　（2）事例 2 について　105
　（3）事例 3 について　106

第 15 章　多様なニーズを抱える子育て家庭の理解 ·· 108
　1　保育所における多様なニーズ　108
　2　外国にルーツをもつ子どもとその家庭の現状と課題　109
　（1）コミュニケーションに関する課題　109
　（2）文化に関すること　110
　（3）発達の保障に関すること　110
　（4）民族的アイデンティティーと日本への適応に関すること　111
　3　事例検討　111
　（1）事例 1：給食の場面に表れる多様な文化　111
　（2）事例 2：外国にルーツをもつ家庭とのコミュニケーション　112
　4　事例の解説と考察　113
　（1）2 つの事例を考える際にもちたい視点　113
　（2）事例 1 について　113
　（3）事例 2 について　114
　5　多様性が尊重される保育の場を目指して　114

引用・参考文献　117
索　引　120

第1部

保育士の行う
子育て支援の特性

第1部「保育士の行う子育て支援の特性」では、保育士の専門性を活かした子育て支援の内容や支援を行う際の姿勢、考え方、その方法について学ぶ。主な内容として、保育とともに行う保護者支援、保育を通した保護者との信頼関係の形成、子育て家庭の支援ニーズの理解、地域の様々な人たちと子育て家庭をつなぐこと、などがある。また、支援を行う際に必要な自己理解やコミュニケーションの方法についても学ぶ。

第1章　子どもの保育とともに行う保護者の支援

- 保育と子育て支援のつながりについて理解する。
- 子育て支援における最善の利益について理解する。
- 保育士が行う子育て支援の内容について理解する。

1　保育と子育て支援

　児童福祉法第18条の4において、保育士に関して次のように記載されている。「この法律で、保育士とは、第18条の18第1項の登録を受け、保育士の名称を用いて、専門的知識及び技術をもつて、児童の保育及び児童の保護者に対する保育に関する指導を行うことを業とする者をいう」。保育士に必要な専門的知識及び技術とは、子どもの発達の理解や保育を実践する技術、家庭支援や地域との連携、社会資源の活用の技術である（⇒第4章第3節（1）「保育士の専門性」を参照）。また、上述の児童福祉法では、保育士は子どもの保育を行うことだけではなく、保護者に対する保育に関する指導を行うことが求められている。保育士が行う**子育て支援**については、保育所保育指針でも、「保育所における保護者に対する子育て支援は、全ての子どもの健やかな育ちを実現することができるよう、（略）子どもの育ちを家庭と連携して支援していくとともに、保護者及び地域が有する子育てを自ら実践する力の向上に資するよう、次の事項に留意するものとする」とされている。つまり、保育士には保護者に対して子育て支援を行うことが求められており、またそのための知識・技術が必要であることがわかる。では、保育士はどのようなことに配慮しながら、保護者に対する子育て支援を行っていけばよいのだろうか。

(1) 子どもの最善の利益

　『保育所保育指針解説』において、「子どもの保護者に対する保育に関する指導とは、保護者が支援を求めている子育ての問題や課題に対して、保護者の気持ちを受け止めつつ行われる、子育てに関する相談、助言、行動見本の提示その他の援助業務の総体を指す。子どもの保育に関する専門性を有する保育士が、各家庭において安定した親子関係が築かれ、保護者の養育力の向上につながることを目指して、保育の専門的知識・技術を背景としながら行うものである」、また、「**子どもの最善の利益**[*1]を念頭に置きながら、保育と密接に関連して展開されるところに特徴があることを理解して行う必要がある」とされている（厚生労働省編，2018）。これらの記述は、保育士が保護者の気持ちを受けとめ、子どもの最善の利益について理解しておくことが、子育て支援を行っていくにあたって重要であることを示している。

では、子どもの最善の利益とは何か。子どもの最善の利益に関しては、「**児童の権利に関する条約（子どもの権利条約）**」(＊2)によって定められている。

児童の権利に関する条約（子どもの権利条約）

第３条

１　児童に関するすべての措置をとるに当たっては、公的若しくは私的な社会福祉施設、裁判所、行政当局又は立法機関のいずれによって行われるものであっても、児童の最善の利益が主として考慮されるものとする。

２　締約国は、児童の父母、法定保護者又は児童について法的に責任を有する他の者の権利及び義務を考慮に入れて、児童の福祉に必要な保護及び養護を確保することを約束し、このため、すべての適当な立法上及び行政上の措置をとる。

３　締約国は、児童の養護又は保護のための施設、役務の提供及び設備が、特に安全及び健康の分野に関し並びにこれらの職員の数及び適格性並びに適正な監督に関し権限のある当局の設定した基準に適合することを確保する。

　この条約では、子どもに関するすべてのことにおいて、子どもの最善の利益を優先に考えて実施されていかなければならないと規定している。子どもたち一人ひとりによって、最善の利益は異なる。その子にとって何が最善の利益となるのかということに関しては、子どもの立場に立った視点、客観的に子どもの将来を見据えた視点など様々な視点から検討し、判断されるべきである。特に保育士は、子どもの育ちに関しては専門家である。日々子どもたちの生活を見ており、子どもたち一人ひとりのことをよく理解し、子どもの発達に関しての知識や環境構成、全体的な計画の作成、それに基づいた指導計画の作成、実践の技術をもって子どもたちの成長・発達を支えている。それゆえに、子どもの専門家ということができる。その専門性を磨くためにも、保育士は様々なことを学び、知識や技術を学び続けていく必要がある。

(2) 保育士の専門性

　保育士が子育て支援を行う場合は、保育士の職務である日常の子どもの保育を第一としながら子育て支援を行っていく。(1) でみてきたように、保育者が行う保育においても、子育て支援においても、「子どもの最善の利益」が大切にされることが必要であり、保育者が子どもの最善の利益について考えるためには専門的な知識や技術が重要である。保育士の専門的な知識や技術については、第４章でもふれているが、指針にあげられている通り、①発達を援助する知識及び技術、②生活援助の知識及び技術、③環境を構成する知識及び技術、④遊びを展開していくための知識及び技術、⑤関係構築の知識及び技術、⑥保護者支援に関する知識及び技術をさす。

　その中では、保育士としての倫理も重要となる。保健所保育指針第１章１(1) エにおいて、「保育所の役割及び機能が適切に発揮されるように、倫理観に裏付けられた専門的知識、技術及び判断をもって、子どもを保育するとともに、子どもの保護者に対する保育に関する指導を行うものであり……」とあるように、保育士の倫理観に基づいて保育は実践される。保育士が職務

を果たす際には、その根幹となる倫理をしっかりと持っていることが保育を行う上での支えとなる。保育士の倫理については下記の「**全国保育士会倫理綱領**」[*3] において定められている。

全国保育士会倫理綱領

　すべての子どもは、豊かな愛情のなかで心身ともに健やかに育てられ、自ら伸びていく無限の可能性を持っています。

　私たちは、子どもが現在（いま）を幸せに生活し、未来（あす）を生きる力を育てる保育の仕事に誇りと責任をもって、自らの人間性と専門性の向上に努め、一人ひとりの子どもを心から尊重し、次のことを行います。

　　　私たちは、子どもの育ちを支えます。

　　　私たちは、保護者の子育てを支えます。

　　　私たちは、子どもと子育てにやさしい社会をつくります。

（子どもの最善の利益の尊重）

1.　私たちは、一人ひとりの子どもの最善の利益を第一に考え、保育を通してその福祉を積極的に増進するよう努めます。

（子どもの発達保障）

2.　私たちは、養護と教育が一体となった保育を通して、一人ひとりの子どもが心身ともに健康、安全で情緒の安定した生活ができる環境を用意し、生きる喜びと力を育むことを基本として、その健やかな育ちを支えます。

（保護者との協力）

3.　私たちは、子どもと保護者のおかれた状況や意向を受けとめ、保護者とより良い協力関係を築きながら、子どもの育ちや子育てを支えます。

（プライバシーの保護）

4.　私たちは、一人ひとりのプライバシーを保護するため、保育を通して知り得た個人の情報や秘密を守ります。

（チームワークと自己評価）

5.　私たちは、職場におけるチームワークや、関係する他の専門機関との連携を大切にします。また、自らの行う保育について、常に子どもの視点に立って自己評価を行い、保育の質の向上を図ります。

（利用者の代弁）

6.　私たちは、日々の保育や子育て支援の活動を通して子どものニーズを受けとめ、子どもの立場に立ってそれを代弁します。　また、子育てをしているすべての保護者のニーズを受けとめ、それを代弁していくことも重要な役割と考え、行動します。

（地域の子育て支援）

7.　私たちは、地域の人々や関係機関とともに子育てを支援し、そのネットワークにより、地域で子どもを育てる環境づくりに努めます。

（専門職としての責務）

8.　私たちは、研修や自己研鑽を通して、常に自らの人間性と専門性の向上に努め、専門職としての責務を果たします。

（出典）全国保育士会 Web サイト

前文では「私たちは、保護者の子育てを支えます」とあり、最善の利益の尊重やプライバシーの保護など保育士として欠かすことのできない内容があげられている。なかでも子育て支援についてあげられているのは、3の（保護者との協力）や7の（地域の子育て支援）である。保育士は保護者の状況を受けとめ、子どもの育ちや日々の生活に関する情報を保護者と共有し、地域にある子育てにかかわる様々な機関（市町村、児童相談所、保健センター、児童家庭支援センターなど）と連携をとりながら、子育て支援を行っていくのである。

2　保育士が行う子育て支援

　「保育所保育指針」第1章1「保育所保育に関する基本原則」では、「一人一人の保護者の状況やその意向を理解、受容し、それぞれの親子関係や家庭生活等に配慮しながら、様々な機会をとらえ、適切に援助すること」とされている。子育て支援は子どもだけではなく、保護者を含む家庭に対する支援である。子ども一人ひとりへの理解はもちろんであるが、保護者の状況についても把握し、支援にあたらなくてはならない。その際には、保護者が抱える思いや気持ちを肯定的に受容し、共感することが大切である。たとえば、日々の保育所での送迎の際のやりとりや連絡帳など、様々な場面で保護者との対話を通して、信頼関係の構築を図ることができる。生活のなかに問題を抱えている、子育てに悩んでいるなどの子育て家庭に対しても、保護者が問題を解決できるように支援をしていく。そのために保育士は、安心して話をしてもらえるような関係性を、保護者とともにつくっていく必要がある。その際には、守秘義務やプライバシーにも配慮して支援を行う。

　保育士は、保育所を利用している保護者に対する子育て支援だけではなく、地域の保護者等に対する子育て支援も行う必要がある。保育所保育指針では、「保育所は、児童福祉法第48条の4の規定に基づき、その行う保育に支障がない限りにおいて、地域の実情や当該保育所の体制等を踏まえ、地域の保護者等に対して、保育所保育の専門性を生かした子育て支援を積極的に行うよう努めること」（保育所保育指針第4章3（1）ア）とされている。保育士は家庭と地域のつながりのなかで子育て支援を行うことができるため、家庭と密接に連携をとりながら、各家庭の生活をふまえた支援や、相談援助に関する技術、特別な配慮が必要な子どもや家庭に向けた支援の知識や技術を用いた子育て支援を行うことが可能となる。

　しかし、保育士がすべての相談や事例に対応できるわけではない。保育士がもっている専門性を生かして対応しても解決が難しいような場合は、市町村や児童相談所、保健センター、児童発達支援センターなどの専門機関やその他の利用できる社会資源を活用したり、専門職等と連携をとりながら支援を行うことが必要である。そのため、日頃から保育所は地域と連携をとり、地域のなかに置かれている社会資源について把握しておくことが必要である。

①保育所の保育士が行う保護者支援にはどのようなものがあるでしょうか。

②保育士が行う子育て支援は様々な機関と連携をとることが必要ですが、どのような機関との連携が考えられるでしょうか。具体的にあげてみましょう。

キーワード

子育て支援　子どもの最善の利益　児童の権利に関する条約（子どもの権利条約）

保育士の専門性　全国保育士会倫理綱領

用語解説

＊1〔子どもの最善の利益（児童の最善の利益）〕　1989 年に国際連合が採決した「児童の権利に関する条約」では、第3条で「児童の最善の利益」を掲げている。子どもは、ただ保護や援助を受ける受容的な権利だけではなく、自らの意見を表明したり、幸福を追求したりすることができる権利も有しているととらえ、福祉の視点から子どもの現在や未来を考え、子どもにとって、よりよい対応を考えることを意味する。

＊2〔児童の権利に関する条約（子どもの権利条約）〕　1989 年に国際連合が採択した条約である。子どもに関する様々な権利（受動的な権利だけではなく、能動的な権利）についての内容が掲げられている。第3条の「児童の最善の利益」をはじめ、父母の責任（第5条）、意見表明権（第12条）、表現の自由（第13条）、思想・良心・宗教の自由（第14条）などの権利について示されている。

＊3〔全国保育士会倫理綱領〕　全国保育士会が 2003 年に策定・採択したもので、前文と8条からなっている。保育士の専門職としての行動規範や責務、専門性等について記載されている。保育士は倫理綱領について深く理解し、各自が意識して保育を実践していく必要がある。子どもの最善の利益の尊重や、個人情報保護に関する専門職の責務なども記載されている。

ブックガイド

柏女霊峰（2017）『これからの子ども・子育て支援を考える──共生社会の創出をめざして』ミネルヴァ書房
　▶ 2015 年に制定された子ども・子育て支援新制度を含め、現在の日本の子育て支援の現状について書かれている。保育士が行う子育て支援について、政策や制度とともに学ぶことができる。

シェーヌ出版社編集、遠藤ゆかり翻訳（2018）『ビジュアル版　子どもの権利宣言』創元社 ▶「児童の権利に関する条約（子どもの権利条約）」について、子どもでもわかるように書かれた条文とイラストが載っており、大人でも条約についてわかりやすく学ぶことができる。巻末に条文が載っており、条約の本文も確認することができる。

（佐藤　恵）

第 2 章

日常的・継続的なかかわりを通じた
保護者との相互理解と信頼関係のかたち

本章のポイント

● 日常的・継続的なかかわりを通した支援について理解する。
● 保護者との信頼関係形成に向けた姿勢について理解する。

1 日常的・継続的なかかわりを通した保護者への支援

保育所保育指針^(*1)には、次のように保護者とのかかわりや支援について書かれている。

保育所保育指針（平成 29 年 3 月 31 日告示）

第 1 章 1.　保育所保育に関する基本原則

(3) 保育の方法

カ．一人一人の保護者の状況やその意向を理解し、受容し、それぞれの親子関係や家庭生活等
　　に配慮しながら、様々な機会をとらえ、適切に援助する。

『保育所保育指針解説（平成 30 年 3 月）』（厚生労働省編, 2018）にもあるように、子育て支援の
なかでは、保育士は、保護者と連携して子どもの育ちを支えるという視点に立ち、保護者との
子育てのパートナーになることが大切である。そうしたなかで、保育士は、保護者の状況や家
庭環境も様々であることを理解しつつ、保護者の子どもや子育てに対する思いなどを丁寧にく
み取り、受けとめていくことが重要である。その上で、子どもと保護者の関係や家庭での生活
の状況を把握し、適切に支援していくこと、子育てのパートナーとして、子どもの成長を保護
者と伝え合いながら喜びを共有するとともに、保護者の子育てを肯定的に受けとめ、励まして
いくことが求められる。送迎時のコミュニケーションをはじめ、保育所において保護者とかか
わる日常の様々な場面や機会をとらえながら、継続的に対話を重ね、支援していくことが重要
なのである。

ミニワーク 2-1 ✍ 保護者とのかかわりが考えられる場面

　　保育所において、保育士が保護者とかかわる場面には、上記にある送迎時以外にどのようなも
のがあるでしょうか。ほかに考えられる保護者とのかかわりの場面を書いてみましょう。

2　保育士と保護者との関係性

　保育士は、保護者と**子育てのパートナー**であることを自覚した上で、そのかかわりの中で、保育士としての自分と保護者の価値観の違いを感じたり、保護者の言動の社会常識とのズレなどを感じ、「なぜ？」と疑問に思うことも出てくるかもしれない。しかしながら、そうしたなかでも、保護者を否定せず、そうした保護者を受けとめながら信頼関係を築けるようにすることが求められる。

(1) なぜ信頼関係が必要なのか

　あなただったら、信頼できないと感じる人に相談をしたり、支援を求めたりするだろうか。おそらく、多くの人は、「この人になら話してもいい。信頼できる」と思うからこそ、相談や支援を求めるのだと思う。

　「信頼関係の形成」は、保育士に限らず人に対して援助する専門職（対人援助職）にとって、必要不可欠な要素であり、保育士（支援者）と保護者（利用者）との間に信頼関係（ラポール）がなければ、そもそも援助・支援は成立しない。「この信頼関係を基礎にして、援助される側は心理的防衛を緩和し、また自分について素直に話すことができ、専門的援助関係が確立される」（山縣・柏女編，2013：380）のである。つまり、信頼関係が築かれない限り、相手は心を開いて話をすることはできない。適切な支援を行うためにも必要不可欠な要素なのである。

(2) 保育士と保護者の間における相互理解と信頼関係とは

　保育士である自分も含め、わたしたちは一人ひとり、育ちは様々であり、それゆえに価値観も様々である。そうしたなかで、保護者との間に**信頼関係**を築くには、保護者一人ひとりの**価値観**や物事の見方、考え方の特性などをとらえていくことが必要となる。なぜならば、同じものを見ても、人によって感じ方、思いは異なり、保育士が「良い」と思って行ったことが、保護者にとってはそうは思わないこともあるからである。そうしたときに、保育士が「わたしは良かれと思ってしたのに、なぜ伝わらないのか」と感情的になり、相手を否定したくなるかもしれない。しかし、そうして相手を否定してしまっては、そこから関係性が進展しなくなり、信頼関係がつくれなくなるおそれもある。信頼関係を築く上で重要なことは、相手の価値観を理解しようとすることである。また、保育士は、保護者を知ると同時に、自分自身の価値観や物事のとらえ方、考え方の特性などを認識することも必要である。自分を客観視することにより、自分とは異なる価値観をもつ保護者とも冷静に関係をつくっていけるのではないだろうか。

　また、こうした支援のなかでの保育士と保護者の関係においては、保育士が指示をし、保護者がそれに従うような上下関係でもなく、かといって気の合う友達のような関係でもない。保育士と保護者に結ばれるのは援助関係である。援助関係とは、援助者（保育士）やクライエント（保護者）との間で築いていく、問題解決をすすめていく上での専門的・職業的関係を指す。保育士は支援をする専門職として、保護者と日常的にかかわり、信頼関係を形成していく。そ

うした信頼関係を基盤にして、援助関係は成り立つのである。

(3) 信頼関係形成のための保育士の基本的態度・姿勢

> **保育所保育指針**
>
> 第4章　1保育所における子育て支援に関する基本的事項
>
> (1) 保育所の特性を生かした子育て支援
>
> ア．保護者対する子育て支援を行う際には、各地域や家庭の実態等を踏まえるとともに、保護者の気持ちを受け止め、相互の信頼関係を基本に、保護者の自己決定を尊重すること。

　上記のように『保育所保育指針』にも、「保護者の気持ちを受け止め、相互の<u>信頼関係を基本</u>に、保護者の自己決定を尊重すること」とあるが、では、保護者との間に信頼関係を形成するにあたり、どのような姿勢が保育士に求められるのだろうか。先ほども述べた通り、保育士は自己理解や他者理解に努めるような姿勢が大切であるが、それ以外にも、信頼関係を築いていくために相手（保護者）とかかわる際に気をつけなければならない態度がある。

　『保育所保育指針解説』「第4章1（1）」（厚生労働省編，2018：329）では、「保護者に対する基本的態度」として、次のような態度が保育士には必要であるとしている。

> ①1人ひとりの保護者を尊重する
>
> ②ありのままの保護者を受け止めるような態度
>
> ③援助の過程においては、保育士等は保護者自らが選択、決定していくことを支援する
>
> ④プライバシーの保護や守秘義務が前提となる
>
> ⑤保護者の不安などの気持ちに寄り添い、子どもへの愛情や成長を喜ぶ気持ちに共感する
>
> ⑥保護者が子育てに自信を持ち、子育てを楽しいと感じられるような働きかけや環境づくり

　保護者との間に信頼関係を構築するために保育士に求められる態度は、すなわちケースワーカー（援助者）とクライエント（利用者）の間の援助関係の最も基本的な原則を示している、「**バイステックの7原則**」（＊2）に基づいた態度といえる。「バイステックの7原則」に書かれているような態度を基本としながら、保護者が「この人になら話してもいい」「話を聴いてもらいたい」「相談したい」と思えるような信頼関係をつくることが、その後に適切な援助を行っていくための第一歩である。

> **バイステックの7原則**
>
> ① 個別化の原則
>
> 　利用者（保護者支援の場合は保護者。以下同じ）の個別の人格や状況を理解し、支援をすること。ただひとりの人として支援すること。
>
> ② 意図的な感情表出の原則

利用者の感情を目的をもって適切に表現させること。否定的感情も適切に自由に表現できるよう支援すること。

③ 統制された情緒的関与の原則

　保育士は、支援の専門職として、自らの感情を適切にコントロールし、利用者にかかわること。

④ 受容の原則

　ありのままの利用者を理解し受け入れるような態度。それは不適切な行為を無条件に肯定することではない。その行為をしてしまう保護者の背景等を考える等保護者を深く理解するようにすることである。

⑤ 非審判的態度の原則

　利用者を裁いたり、批判したりしない態度。保育士が自分個人の価値観や常識的なものの見方で利用者の言動や考え方を批判したり、常識や自分の考えを押しつけたりしないこと。

⑥ 自己決定の原則

　利用者の希望や意志を尊重し、それを最大限生かせる決定ができるよう支援し、また、その決定を尊重すること。

⑦ 秘密保持の原則

　利用者のプライバシーや秘密を守り、利用者の信頼を保持すること。利用者が話した内容や情報を漏らさない。

ミニワーク 2-2 ✍ 事例を使って考えてみよう

Aちゃん（3歳）の母親は仕事に復帰したばかりで、最近はお迎えの時間も遅くなりがちです。ある日のお迎え時の保育士との会話です。

保育士：今日も遅くまでお疲れ様でした。Aちゃんも待ちくたびれたのか少し眠そうですが、お母さんのこと待ってましたよ。

母　親：すみません。仕事に復帰したばかりで、なかなか終わらなくて……迎えも遅くなってしまって。

保育士：大変ですね。そういう時は、お父さんやおばあちゃんにお迎えに来てもらってはどうですか。たしか、おばあちゃんも一緒に住まわれてますよね。

母　親：夫は自営業なので家にはいるのですが、夕方のこの時間は忙しくて。母（おばあちゃん）もそちらを手伝っているので、頼みづらいんですよね。それに夕飯とかは作ってもらっているんです。

保育士：そうですか。でも、Aちゃんのためにももう少し早く来てもらえるといいですね。それにしても、おばあちゃんにご飯まで作ってもらってうらやましいです。わたしなんて両親ともに遠くて子育てや家事に来てもらうこともできなくて、仕事しながらの子育ては本当に大変でした。わたしに比べたら、Aちゃんのお母さんはまだ、いい環境ですよ。それに、同じクラスのBくんのところは、離婚して、ひとり親になったから仕事と子育て大変だってこの間も愚痴を言っていました。

母　親：そうですか。わたしはまだ恵まれた環境にいるんですね……。もっと頑張らないといけませんね……。

ワーク バイステックの7原則に書かれているような保育士が相手との信頼関係を築くための態度として、問題のある部分がいくつかあります。

①その部分に下線を引き、その理由を考えてみましょう。〔5分〕

②自分だったらどう言うのか考えてみましょう。〔5分〕

キーワード

日常的・継続的なかかわり　子育てのパートナー　信頼関係（ラポール）価値観　違い　受容
バイステックの7原則

注・用語解説

*1〔保育所保育指針〕　児童福祉施設の設備及び運営に関する基準第35条の規定に基づき、保育所における保育の内容に関する事項及びこれに関連する運営に関する事項を定めるものである。各保育所は、この指針の規定される保育のないようにかかる基本原則に関する事項等を踏まえ、各保育所の実情に応じて創意工夫を図り、保育所の機能及び質の向上に努めなければならい。指針は、昭和40年に策定後、平成30年4月に4回目の改定が行われた。

*2〔バイステックの7原則〕　アメリカの社会学者であったフェリックス・P・バイステック（Felix P. Biestek）が著作『ケースワークの原則』（1957年）のなかで示したケースワークの7つの原則のこと。

ブックガイド

厚生労働省編（2018）『保育所保育指針解説　平成30年3月』フレーベル館▶「保育所保育指針」には、保育所において保育士がとるべき態度やするべきことが書かれている。本書では、それらをより具体的に解説している。

ヨシタケシンスケ（2018）『みえるとかみえないとか』アリス館▶自分のみえ方が普通って思っているけど、それって本当？　自分と相手の価値観の違いと受容について、考えるきっかけをくれる本。

（八田　清果）

第**3**章 保護者や家庭の抱える支援ニーズへの気づきと多面的な理解

本章のポイント
- ●現代社会における子育て家庭の状況を把握する。
- ●保護者からの要望や支援ニーズを理解する。

1　家族形態の変容と子育て家庭の状況

(1) 少子化社会と子育て家庭の縮小化・孤立化

　昨今、わが国では都市化・少子化・核家族化が進み、家族形態が変容するとともに育児環境が大きく変化してきている。

　高度経済成長期には、大都市を中心に工場などが立地され、大都市に人口が集中化した。それに伴い、家族構成や家族のあり方にも影響を与えた。1940〜1960年代は3世代世帯が多く、子どもの数も3人以上という家庭が少なくなかった（第二次世界大戦、子どもの誕生が爆発的に増えた1947（昭和22）年から1949（昭和24）年頃のことを第一次ベビーブーム期と呼ぶ）。この世代は、高校や大学を卒業後、大都市で就職し、結婚するケースが多かった。その結果、都市部を中心に核家族化が進行していった。

　現在は核家族化の進行だけでなく、結婚や出産など家族観自体が大きく変容している。厚生労働省が発表した「平成28年度人口動態統計」によると、平均初婚年齢は男性31.1歳、女性29.4歳と上昇が続いており、晩婚化がかなり進行している。また、2015（平成27）年の国勢調査にでは、生涯未婚率が男性23.4%、女性14.1%とそれぞれ上昇している。今後もさらに未婚率の上昇が予測されている。さらに、離婚件数も上昇傾向にあり、親が離婚した未成年の子どもの数も増加し、ひとり親世帯は増加の一途を辿っている。このような家族のあり方の変容は、人々のつながりを希薄化させ、**子育ての孤立化**を促進する要因にもつながっている。

(2) 現代社会と子育てと子育ち

　かつての日本社会では、子どもは親族を含む大家族や地域共同体によって守られ、そして育成されてきた。すなわち、子どもの育ちは、家族や親族による血縁者は当然のことながら、地縁（地域のつながり）のある大人たち（社会的なオジ・オバ）によっても支えられてきた。また、周囲の大人だけでなく、近隣に住む異年齢の子どもたちの存在も大きかった。子どもたちは、自然発生的に集まり、近所の子どもたちとの異年齢遊びを通じて社会のルールや他者とのかかわり方、親になるための準備などといった生活技術を身につけていた。つまり、子どもたち自身が生きるために必要な力を日々の暮らしのなかで学習できる機会が豊富に用意されていたと

いうことになる。このようにして、地域では家族をはじめとする血縁者だけでなく、地縁者による子育ち・子育てへの下支えがなされてきたのである。

　ところが、現代になると、都市部を中心に密室のなかで子育てが行われる、いわゆる「密室育児」が広がり、地域共同体とのつながりが弱くなっている。さらに、人々のライフスタイルが大きく変容していることから、家庭生活はより「私事化」「個人化」されるようになっている（森岡．1993）。乳幼児を抱える家庭では、性別ごとに役割が明確に区分される性別役割分業意識が高度経済成長期以降に広がっていき、母親が専従で子育てを担うことがめずらしくなった。

　とりわけ専業主婦世帯では、親と子が「家庭」という密室のなかに閉ざされる「母子の孤立化」が問題視されている（大日向．2000）。現代の親世代は、すでに地域社会のなかで育てられた実感がなく、育児の知識や技能を学ぶ体験がないまま親となっているケースが多くなっている。つまり、乳幼児と触れ合う機会がなく、わが子の誕生が赤ちゃんに出会う最初の機会となっている親世代も決して少なくないということになる。

2　多様化する子育て家庭と福祉ニーズ

(1) 膨らんでいく支援ニーズ

　女性の社会進出や共働き世帯が増え、その結果、保育や幼児教育施設や子育て支援サービスの充実など量的なニーズがますます求められている。しかし、それに伴って質的ニーズへの充足が追いついていかなかったことから、現在は質的にも保護者のニーズを満たしていけるような取り組みが進められている。

　昨今は、ひとり親世帯が増加するなかで子どもの貧困も深刻な社会問題として顕在化している。厚生労働省が実施した「平成28年度　国民生活基礎調査」によると、日本の子どもの貧困率は13.9％であり、約7人に1人の子どもが貧困ライン以下の生活をしていることが明らかとなっている。しかし、このような状況は周囲から見えづらいのが特徴となっている。加えて、アレルギー、障害、発達の遅れ、児童虐待や保護者の産後うつなどを含む精神疾患など、各家庭のニーズが多様化している。

　こうした状況をうけ、保育所をはじめとする幼児教育施設においては、個々の子どもや家庭が抱える潜在的な**支援ニーズ**にいち早く気づき、それに対応していくことが期待されている。子どもの育ちや子育てに関するニーズへの充足は、延長保育や一時保育、安心できる保育環境の提供といった基本的なことから、保育の質の向上など保育者側のスキルアップに関する事項、保育現場への教育的機能への要望まで多岐にわたっており、保育者に対する役割や期待が膨らむ一方である。

(2) 子育て家庭の力が育まれる支援の必要性

　子育て支援事業を充実させることは、育児ストレスや孤独な子育てから保護者を救うだけで

なく、子どもが育ちやすい環境を醸成することにも寄与していく。しかし、過剰に保育や子育て支援サービスを提供することは、養育者である保護者に利得をもたらすが、その一方で、サービスに依存的な家庭を創出してしまう可能性もある。現代家族にとっての「子育ての社会化」は、どの家庭にとっても大なり小なり必要不可欠なものとなっている。つまり、何らかの社会的扶助と私的扶助がなされなければ子育ては成り立っていかない時代を迎えている。しかしながら、保育者や子育て支援事業の従事者が一方的に親の子育て負担を肩代わりするような支援は、回避していかなければならないであろう。むしろ、子育ての当事者である親がいかにして子どもと向き合い、自身のもつ力を発揮しながらわが子を育んでいけるかについて、保育者や支援者らとともに考えていくべきなのである。

「教育基本法」では、「父母その他の保護者は、子の教育について第一義的責任を有する」ことが記されている。また「児童の権利に関する条約」においては、「父母又は場合により法定保護者は、児童の養育及び発達についての第一義的な責任を有する」こと、そして「次世代育成支援対策推進法」では、「父母その他の保護者が子育てについての第一義的責任を有する」旨が明記されている。親の潜在能力を無視し、子育て支援サービスばかりが拡大していくのであれば、それは、家庭支援や子育て支援とはいえない。なぜなら、親の子育て力が育つ土壌や機会を奪ってしまうことにもつながるからである。「子どもと向き合うのがつらい」、「育児は疲れる」と感じていた親が、「子どもを愛おしく感じる」ことへと向かうプロセスは、親が親になることへのプロセスでもある。

3　子育て家庭の支援ニーズに気づき・理解し・対応する

ミニワーク3-1　保護者がどのようなニーズを抱えているのかを考えてみよう

【必要なもの：付箋・模造紙・マーカー】

①これまでの実習や子育て家庭とかかわってきた経験などを思い出し、付箋などに1人5枚ずつ、保護者のニーズを書き起こしてみます（例：育児の相談相手や場がほしい・自分ひとりの時間が持ちたいなど）。思い出せない場合には、子育て経験者に話を聞いてみるのもいいでしょう。〔5分〕

②4人～6人のグループになり、どのようなニーズが想定できたのかとりまとめ、模造紙に分類してみましょう。〔15分〕

③ニーズを分類した結果を全体に発表し、共有してみましょう（例：子育て環境について、親自身の生活との折り合い、子どもの発達や病気について、家庭内の問題についてなど）。〔10分〕

保育所保育指針にも示されているように、「保育所における保護者に対する子育て支援は、全ての子どもの健やかな育ちを実現することができるよう、子どもの育ちを家庭と**連携**して支援していくとともに、保護者および地域が有する子育てを自ら実践する力の向上に資するようにするもの」とされている。2018（平成30）年の改定では、保護者と連携して「子どもの育ち」を支えるという視点をもって、子どもの育ちを保護者と一緒に喜び合うことが重視され、それとともに、保育所が行う地域における子育て支援の役割が重要であることが以下の2点に明示されている。

　第一に、保育所を利用している保護者に対する子育て支援である。保護者は、保育者と相互理解を図りながら、個別性に配慮した支援が受けられるようにすることである。個別性とは、それぞれの家庭の働き方が尊重されるだけでなく、障害児のいる家庭、不適切な養育が疑われる家庭などに対し、地域の機関とも連携しながら個別に支援することである。

　第二は、地域の保護者等に対する子育て支援である。保育所や幼稚園、認定こども園などに通園する子どもだけでなく、地域に居住する親子に対しても支援していくことが求められている。共働き家庭よりも在宅家庭の方が育児ストレス値が高いということからも、保育者には、より広い視点から当該地域の子育て・子育ちを保護者とともに担っていくことが期待されている。

　養育困難や虐待等の問題を抱える家庭に対しては、子どもやその保護者のケアを優先して行い、福祉的ニーズに早期に対応できるよう積極的に取り組む必要がある。なぜなら、保育所をはじめとする子育て支援施設とそこで保育に従事するわたしたち保育者が、子どもやその家庭にとってのセーフティネットの役割を果たしていくからである。

■ キーワード

子育ての孤立化　支援ニーズ　（保育者・家庭・地域間の）連携

■ ブックガイド

新保庄三・田中和子編著（2016）『保護者支援・対応のワークとトレーニング』ひとなる書房 ▶ 保護者理解と支援の基本姿勢について、ワークシートや事例を活用して学べるよう構成されている。具体的には、保護者支援を行う際の3つの対応方法や支援の視点およびポイントについても記載されている。さらに、保護者のニーズに気づくために求められる日常的な関係づくりのメソッドなど、保育者に求められる子育て支援についても明記されている。

（佐藤　純子）

第4章

子ども・保護者が多様な他者とかかわる機会や場の提供

1　子ども・保護者が出会う「多様な他者」とは

（1）多様な他者とかかわる上での現代社会の特徴

　今、子ども・保護者が生活する環境や日々の状況は突然発生したわけではない。戦後、高度経済成長期以降に徐々にはじまり今に至る。あなたが生まれたとき、育ってきたとき、その時々でニュースや流行、経済の状態や日本の政策、国際情勢はどのようなものだっただろうか。また、父母の世代であるとどうか、祖父母の世代であればどうだっただろうか。まずは自分自身が生きているときを知り、生まれる前の事実を知る必要がある。

　一方で、今は様々な便利なものが流通し、スムーズで合理的なサービス提供、インターネットなどのツールによる情報の活用などが、日々の生活で当たり前のように存在している。それだけではない。「自分以外の人＝他者」を知る、受け容れることへも多様性が増した。そのため、子ども・保護者が生活する家庭そのものも、周りの社会情勢や環境の変化をうけて徐々に価値観の多様性が増している。すなわち「子ども」「保護者」「家庭」への多様なとらえ方を尊重して受け容れるようになってきているのだ。

　しかしながら、多様性を知り受け容れつつも、他者とのかかわりにおいては現代の世相を反映しているものがある。人と直接向き合って「かかわる」「接する」「触れる」ことそのものの希薄化である。たとえば、一日のなかであなたはどのように過ごすだろうか。家族と話す、コンビニエンスストアで買い物をする、SNSを更新する、大学へ通学する、大学の講義を受ける、仲間とサークル活動をする、レストランでアルバイトをするなどがあるだろう。ではそのとき、どのような人、どのようなかかわりをしているだろうか。自分の考えや思いが伴った直接的で対面的なかかわりだろうか、それともマニュアル化された機械的なかかわりだろうか、不特定多数の相手に対する双方向のやりとりであっても間接的なかかわりだろうか。その人それぞれの生活する姿はあるものの、他者と直接向き合って、自分以外の相手と考えや思いを伝え合うということが、今は少なくなっているといえるだろう。

（2）出会う環境の範囲とそこで出会う他者

　子ども・保護者は他者とのかかわりが少なくなっているなかで、どのような他者と出会っているのだろうか。子どもといっても乳幼児・小中学生・高校生など、年齢・時期による違いがある。また、保護者自身も子どもの年齢によって異なるが、一日の生活のなかでかかわる他者をイメージしてほしい。一概に「他者」といってもその範囲は多岐にわたり複雑である。そこで、子ども・保護者が出会う環境をミクロ・メゾ・マクロというレベルの範囲で示し（図表4-1）、具体的な他者をとらえてみよう。

図表4-1　子ども・保護者が出会う環境の範囲

レベル	レベルの内容
ミクロ・レベル	物理的・社会的環境のうち、子ども自身、保護者自身がある一定の期間、日々の生活のなかで直接出会ってかかわっており、自分と他者とで影響し合うことができる範囲である。その人自身にとっての家族構成や所属する学校や勤務先でかかわる人、他の社会状況、レジャーなどでの個人や家族の経験の範囲でかかわる人も含まれる。
メゾ・レベル	ミクロ・レベルにある環境の機能面に焦点をあてて、影響を与えている範囲である。その人自身が通う保育施設や勤務先そのもの、宗教的または娯楽的なグループ、そして生活する地域にある社会資源など、個人の日々の生活に影響を与えるグループや組織や制度間の関係を含んでいる。
マクロ・レベル	一定の住まいを定めてそこに住んで生活している人々のほとんどに共通し、人々の成長に影響を与える社会の物理的、社会的、文化的、経済的、政治的構造という大きな範囲である。たとえば、技術や技能、使われている言語、住居スタイル、該当する国内の法律や地域ごとの条例、地域独自の慣習、規制といったものである。

　ミクロ・レベルで出会う他者とは、子どもであれば通う保育所の同じクラスの○○さん、担任の△△先生、習っているピアノ教室の□□先生、隣の家に住む××ちゃんなどが考えられる。保護者であれば子どもが通う保育所の△△先生、勤務先の上司である◆◆さん、大学時代の友人の▼▼さんなど、日々の生活で頻繁に顔を合わせ、相互でやりとりをしたことが思い浮かべられるような他者である。

　メゾ・レベルで出会う他者とは、子どもであれば通う保育所のクラスの仲間、保育所の先生方、予防接種で行くかかりつけ病院とその職員などが考えられる。保護者であれば子どもが通う保育所、勤務先の所属部署、○歳児健診で行った保健センターとその職員、居住する町内会など、日々の生活で顔を合わせるが、個人的なとらえ方ではなく組織の一員やグループの構成員といった他者である。

　マクロ・レベルで出会う他者とは、子ども・保護者ともに、保育所への入所手続きでかかわる自治体、保育の必要性の認定を受けるための子ども・子育て支援新制度、その地域で毎年開催される伝統的な祭りなどが考えられる。これらは、範囲がとても大きく他者をとらえにくいとはいえ、他者がいて（はじめて）成り立つものである。

　このように、子ども・保護者が出会う環境をミクロ・メゾ・マクロのレベルでとらえると、出会う他者も想像ができるようになる。

ミニワーク4-1 🔊 乳児とその保護者の一日の生活とそのなかでかかわる人〔30分〕

①在宅で過ごす0歳児の子どもは一日をどのように過ごしているでしょうか？ 24時間の生活をイメージして書いてみましょう。その際、月齢や季節も設定して考えてみましょう。〔10分〕

②0歳児をもつ保護者（主に父母）は一日をどのように過ごしているでしょうか？ 24時間の生活をイメージして書いてみましょう。その際、母親・父親どちらについても考えてみましょう。〔15分〕

③乳児とその保護者の一日の生活の姿をふまえて、その時間帯に、直接的・間接的なかかわりは問わず、どのような人とかかわっているでしょうか。時間帯の余白にふきだしで書いてみましょう。〔5分〕

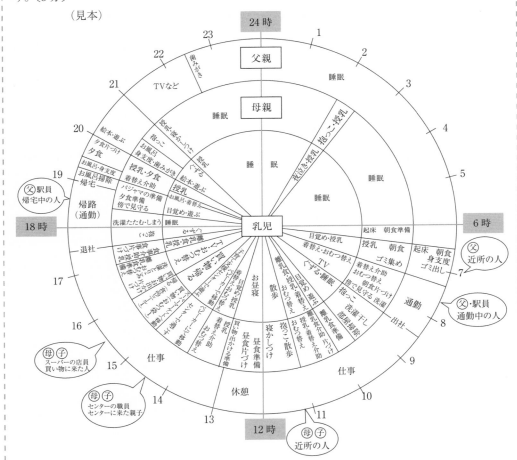

（見本）

設定：乳児の月齢（○○か月）　○○○　季節（○○）

フィードバック〔15分〕

①でき上がった図を見返して、一日の生活の姿、かかわる人について感じたこと、考えたこと、気づいたことを書きましょう。〔5分〕

②周囲の人と図を見せ合い、感じたこと、考えたこと、気づいたことを話し合いましょう。〔10分〕

POINT　子ども・保護者の毎日の生活のなかには、日々くり返されることがあり、24時間のなかで多様な他者と接していることもわかる。保育者は家庭との連携を図っていく際、子ども・保護者の生活スタイルをイメージして実態に即した支援を行う必要がある。ミニワークをすることで、在宅で過ごす子ども・保護者の立場になってみて過ごし方のイメージを膨らませることができる。

2　子ども・保護者が多様な他者とかかわる「機会」や「場」

（1）多様な他者とかかわる機会を提供する主催者

　子ども・保護者が他者とかかわるときに、「いつ」「どこで」「誰が」「何を」「どのような目的で」「どのように」といった条件で、自らかかわろうとするのか、連絡が来たからかかわるのか、かかわり方が変わってくる。また、**フォーマル**（公的）・**インフォーマル**（私的）[*1]と様々な主催者が他者として存在しており、それぞれ他者とかかわる機会や場を提供している。そして、フォーマルな場合でも公共団体と民間団体によって主催者が分かれる。では、多様な他者とかかわる主催者はどのようなものがあるだろうか。特に、子ども・保護者がともに生活するなかで成長に影響するものを考えると、（図表4-2）のように示される。

図表 4-2　多様な他者とかかわるフォーマル・インフォーマルな主催者

フォーマル（公的）	公共団体	保育所、保健センター、子育て支援センター、児童館、公立図書館、ファミリーサポートセンター、社会福祉協議会、自治会など
	民間団体	小児科／産婦人科などの医療機関、大型商業施設、飲食店、コミュニティスペース、カルチャースクール、子育て支援事業所など
インフォーマル（私的）		家族や親族、子どもの友達の保護者、保護者の友人、勤務先の同僚、近隣の住民、ボランティアなど

　すると、日々の生活でフォーマル、インフォーマルで様々な主催者が存在することがわかる。そして、それら主催者は目的をもって子ども・保護者が他者とかかわる機会を設けている。どの主催者であっても共通して「子育てを支援する」ということを大切な目的のひとつにあげている。さらに、主催者によってそれぞれの目的が加わることになる。

　公共団体の場合は、国の法律や施策、自治体の事業計画に基づくことが前提で子ども・保護

者が交流をする、住んでいる地域の情報提供を受け情報交換できる、子育てに関する相談ができる、子ども・保護者が時期を問わず包括した支援が受けられるなどの目的が加わる。なお、その場合は子ども・保護者は設定された環境で他者とかかわることになり、受動的なかかわりからはじまる。民間団体が主催者となる場合においても、設定された環境であることは変わりがなく受動的なかかわりからはじまることはあるが、参加費用を徴収することも多く、子ども・保護者が能動的に選んで参加しているといえる。目的は公共団体と通じる部分もある一方で、業種や組織の理念、取り扱うサービス内容によって違いがあるため、目的にも独自性が表れる。さらに、民間団体として社会貢献やイメージアップ、機会の一貫として商品の認知度を高め販売促進につなげるなど、利益が総じて含まれた目的となる。

　インフォーマルである場合は、子ども・保護者と他者の関係性によって主催者が能動的にも受動的にもなり得る。目的も視点の中心が子どもなのか、保護者なのかで変わってくるが、特に目的はないこともあり得る。気軽に、率直に他者とかかわることができる点ではフォーマルな場面とは大きく異なるところである。

(2) 様々な主催者が設ける機会や場と内容

　フォーマル、インフォーマルな主催者は、多様な他者とかかわる機会や場をどのように設定しているのか、またどのような内容が展開されているだろうか。具体的な実践を知ることで、保育士として柔軟性をもち、多角的に考えられるようになってほしい。

1) 公立図書館における機会や場、内容（フォーマル・公共団体）

　「図書館」とは、「図書、記録その他必要な資料を収集し、整理し、保存して、一般公衆の利用に供し、その教養、調査研究、レクリエーション等に資することを目的とする施設である」（図書館法第2条）、と定義されている。また同法で「図書館は、図書館奉仕のため、土地の事情及び一般公衆の希望に沿い、更に学校教育を援助し、及び家庭教育の向上に資することとなるよう留意し、おおむね次に掲げる事項の実施に努めなければならない」（同法第3条）と規定し、9つの事項の実施があげられている。そのなかで図書館は、読書会、研究会、鑑賞会、映写会、資料展示会等を主催し、およびこれらの開催を奨励することとされている。それに基づいて、公立図書館では子ども・保護者を対象に無料の「おはなし会」という機会を設定し、図書館や図書館以外の場（たとえば、公民館など）で開催している。内容は絵本を読み語ることに加えて、絵本の紹介や手遊びなどを行っている。さらに図書館内で子ども向けの映画鑑賞会や保護者向けの専門講師による「絵本講習会」などの機会があり、日常的に図書館を利用する子ども・保護者や広報などを通じてイベントを知った子ども・保護者が参加している。この場合の他者は、図書館職員や参加する他の子ども・保護者である。しかし、職員から絵本を通した子ども・保護者へのかかわりが中心となり、他者とのかかわりという点では、職員と子ども・保護者間、複数の子ども・保護者同士は間接的なかかわりとなりやすいといえる。

2) 病院における機会や場、内容（フォーマル・民間団体）

　子どもを授かり、産み、育てていく過程では、病院やクリニックなど医療機関は欠かすこと

のできない場である。妊娠期間中や出産前後では特に産婦人科、産まれて以降は小児科が子ども・保護者へ「医療」を介したかかわりをもつことになる。子ども・子育て支援新制度の地域子ども・子育て支援事業のなかにも、「妊婦健康診査事業」があり、自治体からの医療機関受診に対する経済的サポートがある。それとは異なり、病院の理念に基づいて子ども・保護者に向けて主催する無料または有料の機会が設定されている。たとえば、民間の産婦人科と小児科、麻酔科を標榜する病院では、当該病院で出産した子ども・保護者に向けて無料の「ベビーマッサージ」「絵本の読み聞かせと子育て支援アドバイス」「離乳食教室」、有料の「ファーストサイン教室」「1才のお誕生会」など、多様な機会を病院の場で提供している。子どもの月齢による成長に合わせた機会があることで保護者の子どもに対する生活や心身の育ちに興味や関心がもちやすい。また、同じ時期に出産して入院期間を過ごした母親同士のつながりを定期的なフォーマルな機会を設けることでインフォーマルなコミュニティを築く環境をつくり出すことにもつながっている。そこで出会う他者は、病院内職員（専門職）や同じ月齢、年齢の子どもとその保護者である。機会の内容によっては職員からの情報提供や指導が中心になることもあれば、子ども・保護者間で子育てについて直接かかわり合って話をする場合と様々である。一方ですべての機会が予約制であることから保護者の選択に任され、対象者が限定的（当該病院出産者）であるといえる。

3）インフォーマルな関係性における機会や場、内容

　インフォーマルな場合、子ども・保護者との個別的な関係性のなかで機会や場が設定される。たとえば、親族が子どもの成長の節目などで集うような機会と場を保護者が設定することもあれば、一日過ごすなかで特に用事もなく保護者の実家に立ち寄りコミュニケーションを図ることもある。また、子どもを介して交流のある保護者同士で誘い合わせて集うことや、勤務先の休憩時間中、同僚に子育ての経験談を聞く、大学の友人などと子どもを連れて会うなどもある。このようにインフォーマルな関係性の場合、機会や場は日常的にあり、設定することも意識的、無意識的にあるといえる。

3　保育士の行う、多様な他者とかかわる機会や場の提供

(1) 保育士の専門性

　児童福祉法第18条の4で、「保育士とは、第18条の18第1項の登録を受け、保育士の名称を用いて、専門的知識及び技術をもって、児童の保育及び児童の保護者に対する保育に関する指導を行うことを業とする者をいう」と定めている。つまり、保育士がかかわる対象は子ども・保護者であることはいうまでもない。また、保育所保育指針解説では保育士に求められる主要な知識・技術として、①これからの社会に求められる資質を踏まえながら、乳幼児の子どもの発達に関する専門的知識を基に子どもの育ちを見通し、一人一人の子どもの発達を援助する知識及び技術、②子どもの発達過程や意欲を踏まえ、子ども自らが生活していく力を細やかに助ける生活援助の知識及び技術、③保育所内外の空間や様々な設備、遊具、素材等の物的環境、

自然環境や人的環境を生かし、保育の環境を構成していく知識や技術、④子どもの経験や興味や関心に応じて、様々な遊びを豊かに展開していくための知識や技術、⑤子ども同士の関わりや子どもと保護者のかかわりなどを見守り、その気持ちに寄り添いながら適宜必要な援助をしていく関係構築の知識及び技術、⑥保護者等への相談、助言に関する知識及び技術、の6項目をあげている。それでは、保育士が設定する多様な他者とかかわる機会や場はどのようなものがあり、専門性をどのように発揮することが求められるのだろうか。

(2) 保育士の専門性を発揮した機会や場の設定と意識すべき3つの間

1) 保育士が行う多様な他者とかかわる機会や場の設定

保育士は専門職としてどこかの機関や組織に所属し、名称を用いて業務を行うことから、フォーマルに機会や場を主催、設定することができる。加えて、保育士は子ども・保護者を対象として、メゾ・レベルの環境に置かれるなかで、ミクロ・レベルの環境でのかかわりを図ることになる。まず、「場」という点においては、保育所、地域子育て支援拠点事業（子育て支援センター、つどいの広場など）、児童館、児童発達支援センターなど、子どもを主体にした場や子ども・保護者両者を主体とした場がある。利用に当たっても開所時間や開所日、使い方に決まりはあるものの、制限もなく自由に活用することが可能である。次に、「機会」という点では、設置目的や役割・特性に応じて様々なプログラムも展開されている。年間を通じて、定期的なプログラム（月齢で集う、身体測定、誕生日会など）、非定期のプログラム（講座、教室、他団体も参加するイベント）、季節の行事プログラムなど、多様に設定されている。このような場や機会では、子どもを介して自然に保護者間で話が交わされる、保育士を介して意図的に保護者間の交流を誘う、主体的に保護者間で情報交換をやり取りする姿が見られ、参加する子ども・保護者と直接的なかかわりがある。そして保育士は、専門的な知識や技術をもって、子ども・保護者に合わせた自発的に過ごせる機会や場を設定している。

2) 保育士が機会や場において意識すべき3つの間

保育士が設定する機会や場では、保育に関する知識・技術をもとに人とかかわる専門性を発揮した意図的な環境をつくり出すことで、子ども・保護者自身が多様な他者とかかわることに魅力や効果を感じたり、子ども・保護者間との直接的なかかわり合いと子育てを支援し合うコミュニティ形成へつなげたりすることができる。その際、保育士は3つの間（①時間、②空間、③仲間）を活用して意識的に環境を構成することが求められる。

① 時間　保育士は、子どもが成長するための望ましい生活習慣や家庭で過ごすときの安定した生活スタイルの重要性を心得ている。また、保護者が家事に費やす時間や子どもに必要な予防接種や健診の時期も把握している。子ども・保護者でそれぞれ多様な生活の姿があることは事実であるが、保育士はその子どもの生活スタイルをありのままに受け止め、保護者の日々の生活の過ごし方を把握し考慮しながら、設定する機会で話し合う時間、聞く時間、見守る時間、伝える時間などを見極め、有意義な時間の過ごし方を提供することが求められる。

② 空間　子ども・保護者をはじめとした多様な他者がかかわる空間には、立地場所や建物

の構造、固定された設備など変えられないものがある。一方で、可動できる設備、様々な遊具、環境を保つ素材などの物的環境を、保育士は子どもの動線を想定しながら選択、設定することができる。また、保育士のいるべき空間の位置など人的環境を、予想される他者とのかかわりを想定しながら、子ども・保護者の心身の状態、利用者数を適宜判断し、調整することができる。さらに、屋外の気候や天候に加え周辺の公園など自然環境を把握し、必要に応じて活用することもできる。保育士は、子ども・保護者が安心してくつろげる、過ごせる空間、自ら環境として自然に入り込み、子ども・保護者が他者と自然にかかわりつながり合える空間をつくり出すことが求められる。

　③ **仲間**　保育所保育指針では、乳児保育にかかわるねらいおよび内容「身近な人と気持ちが通じ合う」、1歳以上3歳未満児および3歳以上児の保育にかかわるねらいおよび内容「人間関係」、「他の人々と親しみ、支え合って生活するために、自立心を育て、人と関わる力を養う」と示されており、保育士は保育の内容に意図したものが求められる。保育士が設定した機会や場においても、保育の内容は念頭に入れ、参加する子どもが周囲の仲間を認識できるようにし、仲間とかかわり合えるように誘うことが必要である。また、保護者の多様な性格や目的意識を受け止めながら、保育士も「一緒に子どもを育てる仲間」という意識を培い、フォーマル・インフォーマルな機会や場でも自然と会話が飛び交う直接的な関係性をつくっていくことが求められる。

キーワード

ミクロ・レベル　メゾ・レベル　マクロ・レベル　フォーマル　インフォーマル　3つの間

用語解説

＊1〔フォーマル・インフォーマル〕　フォーマルは公的機関が行う制度等に基づいたものであり、インフォーマルは近隣や地域社会、ボランティアなどが行う非公式なものであり、対語である。

ブックガイド

笠師千恵・小橋明子（2014）『相談援助・保育相談支援』中山書店▶保育士として子育ての第一義的責任をもつ保護者を支援する際、根本的な社会福祉における相談援助、相談援助技術の視点は欠くことができない。保育の場で必要な具体的でわかりやすく知識が得られる書籍である。

西村重稀・青井夕貴編（2019）『新基本保育シリーズ19　子育て支援』中央法規▶2018年に保育所保育指針が改定され、2019年には新しい保育士養成課程がはじまった。時代とともに変わる保育の姿と、その時々で求められる保育士養成の姿が反映された教授内容を網羅した書籍である。

（室井　佑美）

第**5**章 保育士として子育て支援を行うために　Part I
──自己理解・他者理解

本章のポイント

● 自分自身を知る必要性と、どのような視点で自分をとらえることができるかを理解する。

● 他者を知ることの必要性と、どのような視点で他者をとらえることができるかを理解する。

● 保育士として自己理解、他者理解が求められる理由を理解する。

1　自己理解

(1) 自分を理解するとは

　自己理解、自己覚知（＊1）、自己分析、自己評価、自己概念、自己認識……など、自分を知る、わかる、とらえるための言葉が多様に存在する。日常の生活のなかであなたが毎日選ぶ服装、外食で選んだメニュー、好きな映画やジャンル、最近の気になることなど、自分が選び取るものには何気なく「自分らしさ」がある。また、初対面の人と会うときに自分がどのような態度で接しているのか、何か失敗したときにどのような気持ちでいるのか、会話のなかで自分では気付かず言っている口癖など、人とかかわる場合も「自分らしさ」が出てくる。今、イメージしたこれら主観的な自分を客観的に見つめることが「自分を理解する」ことである。そのために、全人的に自分を理解することはどういうことであろうか。また、この世に生まれて育ち、つくり上げられた「自分」をどのように掴むことができるだろうか。それは、自分の育ってきた過去を振り返ること、自分の思っている自身のイメージ、日々の生活のなかで体験や経験してきたこと、嗜好性、関心事項、自分自身の特性（人と関係を築くこと、相手に意思表示すること）、感性や感覚など多岐にわたり、様々な角度から自分を理解することができる。さらに、自らの特性がありながら他者や社会など環境の影響を受けて、今の自分の心、考えや気持ち、行動がつくり上げられていることを知ることで、自分への理解をさらに深めることができる。

(2) 保育士に求められる自己理解

　なぜ、保育士として子育て支援を行うために自分への理解を深める必要があるのだろうか。それは、保育士は、子ども・保護者に対して日々最善の利益を追い求め、真剣に向き合う社会的責任を果たすことが求められるからだ。そして、その際は保育士たる専門的職業能力を発揮することが必要である。しかし一方で、社会的責任を担っている自分に対しても真剣に向き合う必要があることを示している。なぜなら、自分自身が理解できる範囲でしか、他者を理解することができないからだ。そのため、専門職であっても自分の考えや気持ち、価値観で判断していることを忘れてはならず、常に自分を客観的にとらえる意識をもつことが求められる。子

ミニワーク5-1 ✏ あなたはどんな人ですか？──自分の内面・外面を知る

　1人で行うワークです。「あなたはどんな人ですか？」という質問に対して「わたしは……です。」という文章を完成させてください。このとき、考え過ぎずに思いつくまま書きましょう。また、人には見せないものなので、自分の書きたいように書き進めてみましょう。〔10分〕

	あなたはどんな人ですか？	フィードバック①	フィードバック②
例	わたしは（　　　肌の色が青白い　　　）です。	外	○
1	わたしは（　　　　　　　　　　　）です。		
2			
3			
4			
5			
6			
7			
8			
9			
10			
11			
12			
13			
14			
15			
16			
17			
18			
19			
20			

フィードバック〔15分〕

①1～20までの文章を見返しましょう。その際、外からわかるような外面的な内容、自分が考えたり感じたりしている内面的な内容、どちらになるか文章を丁寧に見て仕分けて、フィードバック①（表より）の欄に「外」「内」と書きましょう。

②1～20までの文章について、フィードバック②（表より）の欄に、誰にでも話せることには「○」、人によって話せたり話せなかったりすることは「△」、誰にも話したくないことは「×」を書きましょう。

③「わたし」にまつわる文章を書き、上記2つのフィードバックをやってみて、感じたことや考えたこと、気付いたことを、周りの人と話し合いましょう。

POINT いざ時間が設けられて自分のことを表現しようとするとき、ふと思い付くこともあれば、日常生活やこれまでの経験を踏まえながら思い付くこともある。自分のことをとらえて理解しようとするとき、自分の考えや思いをすぐにまとめて示せるとは限らない。ミニワークをすることで、今までに培ってきた「自分のかたち」について、整理しておくことができる。

ども・保護者である他者は、無意識に表れた自分の心、考えや気持ち、行動に影響を受けることになる。相手を思いやって考えた言葉や態度であっても、それが必ず相手にとってプラスに作用するとは限らないことを自覚しておく必要がある。そのためにも、改めて自己理解を深めることは重要である。

ミニワーク 5-2 ✍ **線を描く──自分の対人関係パターンを知る**

①2人組（ペア）をつくり、各ペアに2枚ずつ行き渡る数のA3以上の紙、1人1本ずつのクレヨン、ファシリテーターが時間を計るための時計を用意します。
②ペアのなかで、最初に自由に線を描く人（A）と、Aを追いかけて線を描く人（B）を決めます。
③ファシリテーターの合図で、1分間、Aが思いのままに好きな線を描きはじめてください。同時にBの人は、Aの描いたものを追いかけて線を描いてください。1分間経ったらファシリテーターが合図で終了を知らせます。
④Aが終了後、別の紙を使って先の描き手と後を追う人と役目を交代（AとBを入れ替える）して1分間線を描いてください。〔計5分〕

フィードバック〔10分〕
①自分が描き手だったとき、線の追い手だったとき、それぞれどうだったか振り返りましょう。

②それぞれの役割をやり、自ら振り返った上でAとBで互いに感じたことや考えたこと、気付いたことを話し合いましょう。

（参考：青木ほか，2011）

2　他者理解

(1) 他者を理解するとは

　他者とは、自分以外の人のことである。人はこの世に生まれると毎日のように人と出会い、話し合い、触れ合いながら生活をしていく。人の発達のプロセスにおいても、乳児はまず世話をする身近な他者（多くは母親）の存在を認識した上で、自己の認識をつくりあげていく。この

(1) 5 人組（チーム）をつくります。1 人につき、5 枚白い紙を配ります。

(2) 出題されたテーマについて、自分の回答を考え、白い紙 1 枚分を使って回答を書きます（周りの人と話し合ってはいけません）。

(3) チームのメンバーが全員書き終わったら、「せーのっ」と全員で声を合わせて一斉に文字が見えるように白い紙を出します。

(4) 全員が見せたら、それぞれ「なぜそう思ったのか」、「どうしてそうしているのか」など、質問をし合い全員の書いたものを理解したら、次のテーマへ進み、同様に話し合います。

（テーマ例）

1	「青く」て、「丸く」て、「硬い」ものは何でしょう？
2	朝になり目が覚めました。歯みがきと洗顔をあなたはいつしますか？
3	お正月にあなたはお雑煮を食べますか？ それは何味で、どんな中身が入っていますか？
4	あなたは家族のなかで何か家事の役割は決まっていますか？ いつ頃から、何を担当していますか？
5	「イクメン（育メン）」とは具体的にどんなことをする男性のことでしょうか？

フィードバック〔10 分〕

①十人十色ワークをやってみて、それぞれのチームメンバーの答えを聞いて感じたことや考えたこと、気付いたことを振り返りましょう。

①十人十色ワークをやってみて、なぜその相手に質問をしたのか、質問の答えを聞いてどのように感じたのか書いてみましょう。

（参考：「十人十色ゲームとは？」http://www.10nin10iro.net/about.html）

ように他者とのかかわりは、直接的・間接的に欠くことのできないものである。

　あなたが友達（他者）と接すると「○○さんは△△が好き」や「△△さんは、SNSで連絡をしてもいつも数日後に返事が返ってくる」「小学生のときの□□さんは活発な人だったが、高校生の□□さんはリーダーシップを発揮できる人になっていた」など、友達の特徴や癖、変化などを知る場面はいくつもある。他者をとらえる機会は日々存在するということである。では、人はどのような視点で他者を理解していくのだろうか。

　一つ目の視点は、①他者自身がいま現在もっている、主観的な個人の内側、および②その人を取り巻くあるいはその人に付随する環境や状況である。①は、気持ちや感情、行動、考え、物事や事象のとらえ方、衝動的・本能的な欲求など、その人自身が個人的にもっている内なる側面である。それらは、日常の生活において、意識的または無意識的に、表情や声の抑揚、ジェスチャーや身体の動きなどに表われる場合がある。②は、その人がいまいる環境や状況において、本人が望んでいる／いない場合、また、故意にある、偶然ある、恣意的にある場合など多様に置かれた側面である。一例をあげれば、その人が兄あるいは弟として生まれたのかや、自分が生まれたときから犬が飼われている、などである。

　もう一つの視点は、他者のもつ時間的な枠組み、つまり「過去・現在・未来」の理解である。他者が過ごしてきた過去、今ある現在、これからの未来から把握し、とらえることができれば、全人的にありのままの他者を理解することができる。他者を知る、わかる、とらえることで、相手の何を理解するのか、相手にどのようなかかわりが望まれるのか、自分に何を求めているのかも考えやすくなる。

（2）保育士に求められる他者理解

　保育士として、自己理解を深める必要性は先述したが、保育士は子ども・保護者と日々かかわる職業であるため「他者を理解する」ということは社会的責任を果たすためにも重要なものとなる。子育て支援をするとき、子ども・保護者に関心をもち、保育士本位ではなく子ども主体、保護者主体の当事者本位であることが、最善の利益をめざす上でも望まれる。しかし、当事者本位になるように「相手の立場になって」物事をとらえ、その人の感情や思考に思いめぐらせ、行動の意味を考えていくことは、簡単で単純なことではない。また、保育士が子ども・保護者を「決めつける」、「わかったつもりになる」というようなこともあってはならない。そこで、保育士は「相手の立場になって」かつ「寄り添う」ことが求められる。子どもあるいは保護者が表す心や気持ち、行動を現在の主観的な個人の内側とその人たちを取り巻く、あるいは付随する環境や状況からまずは知り、必要に応じて過去を把握し、求めている未来を想像することで、相手の立場がとらえやすくなる。その上で、保育士として子ども・保護者の心・気持ち・行動を客観的にとらえ、一緒に考え歩めるように傍らで寄り添うことが信頼関係へとつながっていく。そのため、自己理解同様、他者への理解を深めることは重要である。

（1）2人組（ペア）を作り、1番手（A）、2番手（B）を決めます。AとBは向かい合います。

（2）Aは鏡があるかのように動きます。Bは鏡になりきりAと同じ動きを真似します。互いに話はしないで1分間行います。その際、Aの考えていること、自分自身のことをBに知ってもらう、気付いてもらいたいときには、体の動きやしぐさ、顔の表情をつけてみましょう。

（3）次に役割を交代して、Bが動き、Aが鏡のようにBと同じ動きを、1分間話をしないで真似しましょう。

フィードバック〔10分〕

①1番手、2番手をどちらも体験をしてみて、それぞれ振り返りましょう。

②それぞれの役割をしてみて、自ら振り返った上でAとBで互いに感じたことや考えたこと、気付いたことを話し合いましょう。

（参考：八巻，2009）

キーワード

自己理解　自己覚知　他者理解

用語解説

＊1〔自己覚知〕　自己覚知には、「専門職業的自己覚知」「個人的自己覚知」の2種類がある。前者は、保育士をめざす自分はどのような人間であり、どうあるべきかをとらえて知ることである。後者は、そもそも自分はこれまでどのように育ち、どのような価値観を作り上げてきたかをとらえて知ることである。

ブックガイド

青柳宏（2006）『はじめたらやめられない自己分析ワークシート』中経出版 ▶ 自己理解を進める際、自分自身で自問自答をしていくことは難しく、どうしても主観は除けない。そこで、ワークシートを用いて答えていくと、ひとりでは思いつかないような視点からも自分のことをとらえることができる。本書はそのきっかけになる一冊である。

社会福祉士養成講座編集委員会監修（2015）『新・社会福祉士講座（7）相談援助の理論と方法Ⅰ（第3版）』中央法規 ▶ 保育士は児童福祉領域で働き、社会福祉の一領域として援助を担う専門職である。社会福祉士養成のテキストなどを読むことで、同じ社会、同じ環境のなかで援助の多様性を学ぶことができる。また、より円滑に連携・協働するために、他職種の視点を理解するのに役立つ一冊である。

（室井　佑美）

第6章

保育士として子育て支援を行うために　Part 2
——価値観の違い、コミュニケーションの技法

● 自他の価値観の違いを理解する。

● 自分とは異なる他者を理解するということはどういうことかを理解する。

● 他者理解のための方法を学ぶ。

1　価値観の違い

価値観は、その人が生まれ育った環境（家族、地域、学校など）のなかで徐々につくられてきたものであり、すべての人がまったく同じ価値観をもつことはありえない。それは、家族内であっても同じことで、親子、きょうだいであってもきっとまったく同じではないはずだ。

この世界には性別や年齢だけでなく、生まれた場所も、育つ環境も、性格も異なる多様な人がいる。様々な人がいて、それぞれの生き方があり、多様な価値観がある。まずは、その「違い」を認めることが、他者である相手を認め、理解することへの第一歩である。

そして、その上で、相手の価値観も尊重することがとても大切である。人生において何を大事にするかもきっと人によって違うはず。お金をたくさん持っていることが大事と言う人もいれば、家庭をもって子育てをすることが最も幸せなことと考える人もいる。そのどちらが正しいか間違っているかということではなく、どちらもその人にとっては価値のあるものなのである。しかしまた、大事に思っているからといってそれがすべて叶えられるとも限らない。だからこそ、余計に他人がとやかくいえるものではない。

自分と「違う」ことを認めつつ、相手の価値観も尊重する。それが、人間関係を円滑に築く基礎である。保育士が相談支援を行う場面において、相手と信頼関係（ラポール）を築いていく際にもこの基礎を忘れてはならない。

2　自分とは異なる他者を理解するということ

(1) 共感とは何か

『保育所保育指針解説』の「保護者に対する基本的態度」のなかでも、保護者の気持ちに寄り添い、子どもへの愛情や成長を喜ぶ気持ちに共感するような態度が保育士に求められているが、ここにある "気持ちに寄り添う" や "共感" とは何なのであろうか。

共感とは、「クライエントが見たり、考えたり、感じたりしていることについて、ワーカーがクライエントの立場から理解を深めること」(久保, 2013) をいう。つまり、支援を必要として

① 10 個の項目について、あなた個人が大事だと思う順で 1～10 位まで順位をつけてみましょう。

② 4 人程度のグループをつくり、他のメンバーがつけた順位を聞いて、書き込んでみましょう。

③ メンバー全員の順位を書き込んだら、今度は、グループとして順位をつけてみましょう。その際に、ジャンケンや多数決で決めるのではなく、話し合ってみんなが納得するように順位をつけましょう。

④ 個人の順位、グループの他メンバーの順位、他のグループの順位はどうだったか確認してみましょう。

⑤ 結果についてどのようなことを感じましたか。また、グループとしての順位をつける過程での話し合いで自分とは異なる意見に対してどのような対応をしましたか。

氏名／項目	自分				グループ順位
恋人					
友人					
家族					
健康					
お金					
知識					
外見					
自由					
夢					
秩序					

（参考：山田，2003；前田監修，2014）

いる保護者などの行動や発言などについて、保育士がその保護者の立場に立ってその意味・意図を理解しようとすることが共感である。そして、この共感をするためには、まず一生懸命相手の話に耳を傾ける（**傾聴**）（*1）こと。すると、相手の気持ちにも気づいていける。そうしていると相手も「一生懸命聴いてくれている。わかってくれている」と感じ、**信頼関係**（ラポール）が生まれてくる。そうすると深いところでの話ができるようになり、より相手の気持ちを理解することができるようになってくるはずである。

　ただし、共感とは「同情」とも「同化」とも違う。「同情」は上から目線の一方通行の感情であり、相手の感情や思いは含まれず、自分がどう思うかのみである（たとえば「かわいそう……」と思うなど）。また、「同化」は相手と同じになることである。同じになるのではなく、「違う」ことを前提とした上で、そういう考え方もある、こういう意味があるのだと冷静に客観的

に考えられることが援助者である保育士には求められているのである。

(2) 基本のコミュニケーション技法

　コミュニケーションとは、複数の人が、互いに言葉やジェスチャーなどを使って、意思や感情、情報を伝え合うこと。そして、他者から伝えられた情報を理解し、相手の心の状態を理解しようとすること。また、その過程のことを指す。こうしたコミュニケーションには、①言語的コミュニケーションと②非言語的コミュニケーションの2種類がある。わたしたちは普段、この2つを無意識に使いながら人とコミュニケーションをとっているが、援助者として保護者の支援を行う場合には、これを意識的に使うことも重要である。そこで、2つのコミュニケーション技法について少し述べていこう。

1) 言語的コミュニケーション

　言葉・文字を手段として使うコミュニケーション（筆談・手話含む）のことである。言語的コミュニケーションには、以下のような形式がある。

・**質問**　適切なときに適切な「閉じた質問（はい・いいえ等で答えられるような質問）」、「開いた質問（保護者が自由に話せるような質問）」をする。

　例：今日はどうですか？（開いた質問）／今日は眠いですか？（閉じた質問）

・**基本的応答技法**

①単純な反射＝保護者の言うことをくり返す。

②言い換え＝保護者の言ったことを保育士の言葉で言い直し、確認する。

③明確化＝保護者の言ったことをより明確にする。

④感情の反射＝保護者の語った感情や語ったことから読み取れる感情を言葉で示し、確認する。

⑤要約＝保護者がとりとめなく話した内容を要約し、保護者に返す。

> **（基本的応答技法の会話例）**
> 保護者：娘が朝なかなか起きなくて、何度も起きなさい、時間よって言っているのに。そしたら「わかってる、もう起きるから何度も言わないで！」って言うんです。
> 保育士：娘さんは、「わかってる、もう起きるから何度も言わないで！」と言ったんですね。（①単純な反射）
> 保護者：ええ。わたしにごちゃごちゃ言われるのが嫌なんです。
> 保育士：娘さんはあなたに構われるのが煩わしく感じているですね。（②言い換え）
> 保護者：そうなんです。あれこれわたしに言われたり、指示されるのが嫌みたいで反抗的なんです。わたしも過干渉なつもりはないですけど、つい、寒いからこれ着ていきなさいとか洋服を用意するじゃないですか。そしたら「わたしはこれが着たいの！　ママが勝手に決めないでよ」って迷惑そうな顔で言うんです。
> 保育士：あなたは娘さんが心配で洋服とかを用意するのに、娘さんは「勝手に決めるな」と怒るんですね。（⑤要約）

> 保護者：そうなんです。だから、ついこっちもイラッとして言い合いになるんです。わたしは
> ただ風邪とか引いたら、楽しみにしている遠足に行けなくなるから心配しているだけなの
> に。まったく、子どものくせに生意気なんですよ。
> 保育士：あなたは娘さんのことを思って心配しているだけなのに、娘さんがまったくわかって
> くれない。それであなたの気持ちが落ち着かず、イライラして悩んでおられるんですね。（④
> 感情の反射）
> 保護者：ええ。

2）非言語的コミュニケーション

　言葉や文字以外で行うコミュニケーション（うなずき・視線・表情・姿勢・身振り・沈黙・座る
位置や距離・語調・言葉遣いなど）のことである。

・うなずき＝視線が合ったとき、言っていることが理解できたときなどにうなずく。

・視線＝見下ろす・見下げる、目を合わす・合わさない、きつさ・弱さなど

・表情＝喜怒哀楽の表情、無表情など

・姿勢＝前かがみ、反り返り、斜めに構える、腕組み・足組みなど

・身振り＝ジェスチャー、手振り、動きの速度など

・身体接触＝手を握る、体に触れるなど

・距離＝向かい合う距離、横に座るのか斜めに座るのかなどの位置

・語調＝トーンの高さ・低さ、大きさなどの声の調子。語尾の上げ・下げなどの抑揚。語気の
強さ・弱さなどの強弱。言葉と言葉の間隔など。話す速度、言葉の伸ばし方など、敬語なのか
砕けた言葉遣いなのかなど

・その他＝沈黙、ため息、まばたき、涙、震え、汗、呼吸、時間に遅れる・早く来るなど

　たとえば、腕組みをしたりする姿勢であれば、相手はまだ警戒して防御をしているかもしれない。相手の非言語的コミュニケーションから気持ちなどを推察することもできる。また、同時に、相手も保育士のことを見ている。保育士が反り返った姿勢で話をしていたり、早口でまくしたてるように話をすれば、保護者は「偉そうだな」「早く終えようとしているのかな」というメッセージと受け取り、いくら言葉で「話をじっくり聴きますよ」と言ったところで、相手はそうとは思ってくれない。だからこそ、援助者である保育士は、意識的に非言語的コミュニケーションを使うことも重要である。

キーワード

価値観　共感　傾聴　言語的コミュニケーション　非言語的コミュニケーション

　　用語解説

＊1〔傾聴〕 相手の話に心を傾けて聴くだけでなく、「聴いている」ということを相手（保護者）に伝えることも含んでいる。たとえば、保護者の感情・気持ちを理解して言葉による反射をする（「あなたは、『つらい・悲しい・苦しい・しんどい・腹が立つ・うれしい・楽しい……』なのですね」など）。

　　ブックガイド

前田敏雄監修（2014）『学ぶ・わかる・みえる　シリーズ保育と現代社会　演習・保育と相談援助（第2版）』みらい▶保育ソーシャルワークの基本的な理論と演習を通した知識・技術、そしてそれらの知識・技術を基にした事例学習を通して、相談援助者としての実践力を養うことができる。

山田容（2003）『ワークブック社会福祉援助技術演習① 対人援助の基礎』ミネルヴァ書房▶ソーシャルワークに必要な援助技術の前提となる、自己覚知、価値観を中心とした他者理解、援助コミュニケーションについて学ぶことができる。

（八田　清果）

第2部

保育士の行う
子育て支援の展開

第2部「保育士の行う子育て支援の展開」では、子育て支援の流れを、相談過程の一連の流れとして学ぶ。特に、第8章では、一つの事例を支援のプロセスに沿って検討する。子ども・保護者の状況や状態の把握から始まり、支援計画、実践、記録、評価やカンファレンスまで、支援をどのように進めるか、各支援の過程で何を行っていくかを理解したい。加えて、社会資源の活用や他機関との連携についても学ぶ。

第**7**章　子育て支援のプロセス

本章のポイント

● 子育て支援のプロセスを理解する。

● 子育て支援における職員間の連携・協働を理解する。

● 社会資源の活用を理解する。

● 他機関との連携・協働の必要性を知る。

1　子育て支援のプロセス

　子育て支援の基本的な方法となるソーシャルワークの展開について説明する。支援の流れは図表7-1の通りである。

図表7-1　子育て支援のプロセス

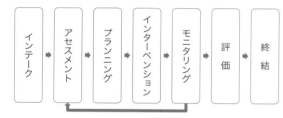

（1）ケースの発見・インテーク

　子ども・保護者の抱える生活課題（支援の対象となるケース）が発見され、支援が開始される最初の段階を「インテーク」という。

　子ども家庭福祉の分野においては、児童相談所、福祉事務所、児童家庭支援センターなどは、主な業務内容が相談支援であるため、これらの機関や施設が対応するケースは家庭からの相談や他機関から持ち込まれて支援が始まることが多く、相談を受けつける「インテーク面接」が行われる。

　一方、保育所や児童養護施設、児童発達支援センターなどでは、子どもを対象とした日常の保育、養護、療育等が行われており、それらの業務に付随して保護者からの相談を受けることもある。また日々の子ども・保護者の様子から、支援が必要なケースを保育者が発見することも少なくない。支援を必要とするにもかかわらず、子ども・保護者がその必要性に気づいていなかったり、支援を求めたくてもそれを訴えることができなかったりする場合もあり、子ども・保護者の日々の様子を注意深く観察するとともに、相談しやすい関係を築き、支援へとつなげることが重要である。ただ、保育者の「支援が必要だ」という一方的な思いだけでは、その後の支援は進まない。子ども・保護者本人が自身の生活課題に気づき向き合えるよう促すことや、生活課題をどうとらえ今後どうしたいと考えているかなど、それぞれの思いに寄り添っていく姿勢が求められる。

インテーク面接を通して、子ども・保護者の問題状況を知り、主訴（ニーズ・不安・訴えたいこと）を明らかにする。また、保育者が所属する機関において実施できる支援についてわかりやすく説明し、家族に支援を受ける意思があるかを確認することも必要である（**インフォームド・コンセント**）(*1)。子どもが生活する施設では、日常生活や保育の場、子どもの送迎時の対応等で子ども・保護者とコミュニケーションをとり情報を得ることも多く、このような面接を「生活場面面接」という。

インテークでは、子ども・保護者の話を傾聴し不安を受容することでラポール（信頼関係）を形成し、今後の良好な支援関係につなげていくことが重要である。

ワーク7-1 📖 見ると観る

①2人組をつくって向かい合ってください。

②お互いにまず、30秒程度見つめ合ってみましょう。

③その後、背中合わせになって、それぞれ、今の自分の姿にどこか1か所工夫をしてみましょう。
（髪留めをはずす、袖をまくる、めがねをはずすなど）

④お互いに振り向いて、相手のどこが変わったか、お互いに当て合いましょう。

⑤続けて、2回戦です。今度はお互いに2か所、工夫してみます。

⑥お互いにまず30秒程度見つめ合いましょう。

⑦今度は2か所、自分の姿を工夫してみましょう。（腕時計をはずす、指輪をはずすなど）

⑧お互いに振り向いて、相手のどこが変わったか、お互いに当て合いましょう。

POINT 1回目の30秒間は、何をするかわからないまま、ただ単純に相手のことを見るしかない状態だったのではないでしょうか。あるいは仲のよい友達であっても、ほんの30秒間なのに見つめ合っているのが恥ずかしかったりしませんでしたか。

でも2回目の30秒間を思い出してください。そこでは「お互いに当て合いっこをする」という明確な目的が与えられているために、同じ30秒間であっても、1回目のそれとはまったく質の違うものになっているはずです。おそらく2回目の方が、より注意深く、意識しながら相手を観るということをしていたのではないかと思います。

1回目を「見る」という言葉で表すならば、2回目は相手を「観る」という言葉で表すことになるでしょう。援助の現場における「見る」と「観る」の違いについて、みんなで考え、話し合ってみましょう。

---

(2) アセスメント（事前評価）

アセスメント（事前評価）は、必要な情報を収集し、集めた情報から子ども・保護者の問題状況を把握し、分析を行うことによって、子ども・保護者の解決すべき真の課題を明確にして、その問題が起こっている原因と背景を見立てていく段階である。

アセスメントにおいて必要な情報は、支援記録の**フェイスシート**(*2)に記録される支援対象者の基本情報（氏名、年齢、家族構成、職業、経済状況、心身の状況）、問題の内容、問題発生の

時期、問題に対する本人や家族の思いや姿勢、子ども・保護者の家族関係、利用している社会資源などである。また、子どもおよび家族の身体的側面、心理的側面、社会的側面に関する情報を収集し、子育て家庭の子育てや生活状況を把握する必要がある。それぞれの具体的な内容は、図表 7-2 に示している。

　情報は子ども・保護者から得るだけにとどまらず、必要に応じて関係機関から情報を収集することもある。

　また、家族構成とその関係、家族と社会とのつながりを分析するために、家族関係を図式化した**ジェノグラム**や**エコマップ**といわれるマッピングツールが活用される（次頁参照）。

　子ども・保護者の抱える生活課題はひとつとは限らず、様々な問題が複数起こっている場合も少なくないため、支援を進めていく上での優先順位をつけることも必要である。また、支援者には解決すべき**生活課題**に思われても、子ども・保護者が課題と認識していないこともある。子ども・保護者が訴える困り感と解決すべき真の課題が必ずしもイコールではないことにも注意しなければならない。

図表 7-2　アセスメントで把握する内容

			子ども・家族に共通する側面
子ども	身体的側面	発育状況・健康状態・生来的な障害や疾病・外傷などの確認	生活リズム 基本的生活習慣 （食事・睡眠・排泄・入浴・清潔など） 表情 服装 立ち居振る舞い 特技や能力など長所
	心理的側面	遊びの様子・興味関心・言語・情緒、行動上の問題	
	社会的側面	家族との関係・子ども同士の関係・保育者や支援者との関係・社会的スキル	
家族	身体的側面	健康状態・障害の有無	
	心理的側面	精神、知的側面・行動上の問題・特異な価値観	
	社会的側面	就労状況・金銭管理・住居・制度（社会資源）の利用状況・親子（家族）関係・家族以外の親族との関係・近隣との関係	

（出典）増沢（2018）

　さらに、支援者は支援対象者の問題となるマイナス面だけに焦点をあてがちである。しかし、アセスメントにおいては、子ども・保護者が有する強さにも着目する必要がある。このような対象者の理解は、ストレングス（強さ）の視点といわれ、対人援助者にとって重要な視点である。強さとは、具体的にはその人のもつ魅力、能力、資質、人的資源（その家族を支える親族や友人関係、近隣との関係）、利用できている物的資源などである。子ども・保護者の強さは、これまでの生活のなかで培われてきたものであるが、本人がそのストレングスを認識できていないことが多い。支援者は、支援を展開するプロセスにおいて、子ども・保護者とのかかわりを通してそれらを意識化し、自らの生活課題に主体的に取り組むことができるよう働きかけることも大切である。

●ジェノグラムの書き方

・男性は □、女性は○とする。

・原則として男性を左、女性を右に表示。

・□○内に年齢を記載するとわかりやすい。

・子どもは左から年齢順に配置。

・ケース対象となる子どもは二重線で表示。

・婚姻関係は実線。

・同居や内縁関係は破線。- - - - - - - -

・離婚は//。

・別居は/。

・死亡は□○内に×。

・同居家族は破線で囲む。

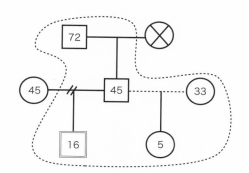

●エコマップの書き方

①中心に、家族のジェノグラムを書く。

②家族一人ひとりの周りに、関係する社会資源（人、場所、機関など）を書き出す。

③家族一人ひとりとそれぞれの社会資源を線で結ぶ。

・良好な関係　————

・希薄な関係　- - - - - - - -

・ストレスが含まれる関係　+++++

・関係が強い場合は、実線を太くする　————

・働きかけの方向　————→

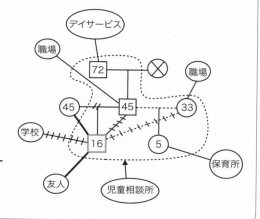

ワーク 7-2 ✐

①あなたを中心としたジェノグラムを書いてみましょう。

②あなたの家族についてのエコマップを書いてみましょう。

③ジェノグラム・エコマップを書いて、自分の家族について気づいたことや、考えたことをまとめてみましょう。

●エコマップ応用例（ここにあげるエコマップは応用であり、あらかじめ関係の領域を区分してある）

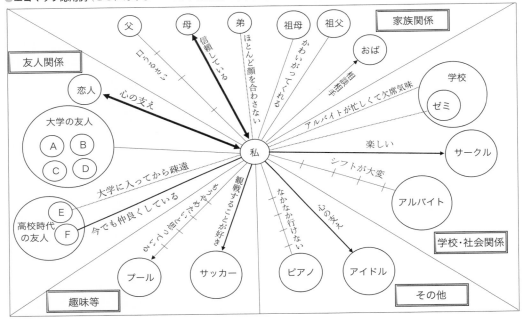

(3) 支援計画（プランニング）

　支援計画（プランニング）は、アセスメントで明らかになった子ども・保護者の課題やニーズに対して、具体的な支援の計画を策定する段階である。ここでは、短期・中期・長期の目標と課題の優先順位などを設定する。次にそれぞれの目標について具体的な計画を作成する。計画は「いつ（までに）、誰が（誰と）、どこで、どのようにして、誰に、何をするのか」（5W1H）をできるかぎり具体的に決めていく。

　また、目標設定や計画の策定にあたっては、子ども・保護者にできるかぎり参加してもらい、計画の立案をすることが望まれる。実際の計画の実施においても、子ども・保護者自身が自己決定しながら計画を策定していくことが重要である。

(4) 介入（インターベンション）

　子ども・保護者の策定した支援計画に基づいて支援を実施することを介入という。支援の中心となる活動は、計画を実施するかたちで行われる。保育者は子ども・保護者の能力や人格に直接働きかけ、ニーズを充足し問題解決できるよう支援する。また、クライエントを取り巻く環境へアプローチし、社会的環境の関係調整を図っていくことも行う。社会資源の活用や、子ども・保護者の代弁を行うアドボケイトなど、関係機関と連携を図りながら課題の解決に向けてアプローチすることもある。子ども・保護者がニーズを充足し、自らが課題の解決に向けて取り組めるよう、そのプロセスを保育者は側面的に支えることが必要である。

(5) モニタリング

　モニタリングとは、支援が実際にどのように行われたのか、そのプロセスを観察し、どのような効果が出ているのかについての情報収集と分析を行うことである。期待した効果が得られていない場合は、何らかの問題が生じていると考えることができ、必要に応じて、アセスメントの段階に戻って計画の修正等を行う場合がある。また、支援の途中で利用者やその環境に変化が生じた場合も、同様に再アセスメントを行い、計画の見直しを行う必要がある。

　モニタリングを行う際は、作成した計画を十分確認、理解したうえで、日々子ども・保護者にかかわりながら観察を行い、定期的にカンファレンス等で報告していく必要がある。

(6) 評　価

　それまで進められてきた支援が目標に到達できた、または設定された期間が終了するというところで、エバリュエーション（事後評価）が行われる。事後評価においては、支援をふり返り、支援計画の妥当性や効果、信頼性、有用性、直接性などが確保されていることが重要である。評価はできるかぎり子ども・保護者とともに行うことが望ましい。また、ケースカンファレンスなどで複数の保育者から評価を受けることが望ましい。スーパーバイザーや他の専門職に評価を受けることも有効である。

(7) 終　結

　子ども・保護者の抱える課題の解決がなされた場合や何らかの事情で支援の必要性がなくなった場合、支援は終結となる。子ども・保護者の転居や死亡、あるいは一方的な申し出などによって、支援が中断したり終結となったりする場合もある。

　終結は子ども・保護者が合意し、終結後の不安があまりないかたちで行われることが望ましい。支援が終結となった場合でも、新たな課題が生じた際には再び支援関係を結ぶことが可能であり、いつでも相談に来てほしいということを伝えることが必要である。また、ケースによっては終結後の支援を行う他機関や他施設を紹介する場合もある。

2　職員間の連携・協働

　子育て支援は、個々の保育士が単独で行うのではなく、保育所や施設など機関全体として、そこに勤める職員全員で行うものである。子どもを預かる保育所や施設と、家庭、地域のその他の外部機関と連携して行うこともある。子どもの家庭や保護者との連携、外部機関との連携、地域との連携については、次節で触れる。ここでは、保育所や施設など、支援を行う機関のなかで、職員間で行う連携・協働について述べる。

　連携・協働とは、共通の目的に向かって、職員間で情報を共有し、方針を確認し合って協力することである。子育て支援の場合、ここでいう情報とは、子どもにかかわることがらのすべてを指す。子どもの発達の状態や特徴、保育所での生活の姿から、保護者から得た家庭での様子や気でつけるべきことがらまで、多くのことが子どもにかかわる情報と考えられる。連携とは、そうした子どもにかかわる情報を、保育所内で保育士や職員間で共有し、支援の方針について共通理解を図ることである。

　その際、どんな情報を、職員の誰と、どの程度まで共有するかが大切になる。保育士（に限らず支援を行う者）には守秘義務が課せられている。保護者の同意を得ずに、子どもや家庭の情報を外部に知らせてはならない。では、保育所内ではどうだろうか。保育所で働く職員は保育士だけはない。事務職員や栄養士、運転手など様々な職員がいることだろう。たとえば、家庭の状況について、保護者から得た情報を保育所内でどこまで共有するか、考えておく必要がある。誰と、どこまで情報を共有するべきかは、それぞれの機関において、管理者である園長や所長などの判断に委ねられることが多いだろうが、組織内での役割や立場によって、情報を共有する範囲が変わることに留意しておきたい。

　子どもの情報を共有する機会は、朝の連絡会議から保育場面でのちょっとした報告まで無数にある。保育所や施設では、保育士を含めた職員間で、いつも子どもの情報を報告し合っているといってもよいぐらいである。新人保育士や経験の浅い保育士は、先輩保育士や主任、園長に、子どもの姿やクラスの様子、そのとき気にかかったことや疑問などを、できるかぎり伝えて意見を求めることが大事だろう。よくいわれる報告・連絡・相談とはこうした普段の伝え合いのことであり、職員間の連携・協働の基本になる。

　特別な配慮が必要な子どもや気になる子どもの保育について、保育所全体で子どもの姿を共有し、保育の方針を確認し合う必要が生じることがある。そうした場合、カンファレンスと呼ばれる会議を行って、情報や方針について検討することも必要になるだろう。カンファレンスでは、前節でふれているように、①子どもの問題に気づく、②子どもおよび保護者の状況の把握する（アセスメント）、③支援の計画を立てる、環境の構成を考える、④支援の実際を記録し評価する、という一連の作業を行う。カンファレンスには、連携・協働を進める機能と、保育士がそれぞれの保育を振り返り、専門職としての技量を高める機会を提供するという機能もある。

3　社会資源の活用と自治体・関係機関や専門職との連携・協働

(1) 社会資源の活用

　社会資源とは、「生活上のニーズを充足する様々な物資や人材、制度、技能の総称。社会福祉施設や介護サービス、社会生活に関する情報提供なども含まれる」ものである（山縣・柏女編，2000）。

　わたしたちは、様々な社会資源を活用しながら生活を送っているが、日々の生活の中で、社会資源を利用していることを意識することはほとんどない。そもそも、どのような社会資源が存在し、どのようなときに、どうすれば利用することができるのかを明確に把握している人は少ないだろう。そのため、子育て家庭の子育てを支える保育者は、子どもや子育て家庭が利用することのできる社会資源を熟知しておくことが求められる。

　社会資源は、フォーマルな社会資源と、インフォーマルな社会資源に分類することができる。フォーマルな社会資源は、一定の手続きと受給要件を満たしていれば誰でも利用できるサービスであるため、どの地域においてもある程度共通に存在している。

　しかし、インフォーマルな社会資源は、住民組織が運営している活動や同じ目的をもつサークル活動やボランティア活動などであり、地域によってその種類や数は異なる。また、インフォーマルな社会資源には、子育て家庭の親戚、近隣、友人などの人的資源も含まれており、子育て家庭が親族や地域においてどのような関係を築いているかによって活用できる人的資源が異なる。

　保育者は積極的に社会資源を活用することが求められるが、実際に社会資源を利用する子育て家庭の意向を確認し、社会資源を活用することも必要となる。また、保育所や保育者自身も地域の社会資源であることを忘れてはならないだろう。

(2) 自治体・関係機関や専門職との連携・協働

　保育所保育指針では、子育て家庭への子育て支援を保育所の役割と位置づけ、子育て支援を行う際は、地域の様々な社会資源との連携を図りながら子育て支援を行うと明記されている。そして、子育て支援に関する留意点として、「地域の関係機関等との連携及び協働を図り、保育所全体の体制構築に努める」とあり、関係機関との協力や協働の必要性が示されている。

　近年の子育て家庭は、核家族が主流となっており家族規模が縮小しているため、家族内で協力して子育てをしていくことが困難になっている。また、地域のつながりが希薄となっており、不安を抱えていたり、子育てが困難になったりしている家庭は地域のサポートが得られず、孤立してしまうことも少なくない。こうした子育てに困難を抱える家庭への支援は、市町村を中心として様々な関係機関が連携を図りながら実施されている。保育所における子育て家庭への支援も、保育所のみで抱え込むのではなく、必要に応じて地域の子育て家庭への支援を行う機関と連携をとりながら行われることが求められる。そのため、保育者は子育て支援（ソーシャルワーク）の基本的な姿勢や専門的知識及び技術に関する理解を深めた上で、支援を展開して

いかなければならない。

　また、関係機関と連携・協働し子育て家庭への支援を行うにあたっては、組織的に取り組むことが重要であり、保育所全体での理解や情報の共有が求められる。

ワーク 7-3 📖 社会資源を調べよう

子育て家庭が活用できる社会資源を調べてみましょう。

キーワード

子育て支援のプロセス　ジェノグラム　エコマップ　生活課題　連携・協働

用語解説

＊1〔インフォームド・コンセント（informed consent）〕「説明に基づいた同意」や「十分に知らされた上での同意」と訳される。インフォームド・コンセントは、医療分野から使用されるようになり、いまではあらゆる対人援助職の倫理となっている。社会福祉の分野においても、ソーシャルワーカーの倫理綱領（社会福祉専門職団体協議会）に、利用者に対する倫理責任として、「（説明責任）ソーシャルワーカーは、利用者に必要な情報を適切な方法・わかりやすい表現を用いて提供し、利用者の意思を確認する」とあり、さらに「（利用者の自己決定の尊重）ソーシャルワーカーは、利用者の自己決定を尊重し、利用者がその権利を十分に理解し、活用していけるように援助する」と掲げられている。支援を受ける人が自らのことを決める権利をまもるとともに、自己の問題の解決に取り組む意欲を醸成するためにも重要な支援のひとつである。

＊2〔フェイスシート〕　支援対象者の属性（氏名、性、年齢、職業、住所、連絡先、家族構成など）に関する項目を記録したもの。

ブックガイド

川畑隆（2009）『教師・保育士・保健師・相談支援員に役立つ子どもと家族の援助法——よりよい展開へのヒント』明石書店▶子どもや家族が抱えている課題を改善するための面接の進め方や背景情報の読み方などが具体的な事例とともに解説されている。

古宮昇（2012）『プロカウンセラーが教えるはじめての傾聴術』ナツメ社▶対人援助職が身につける傾聴の技法を実践的に学べる。

（佐藤　ちひろ・松倉　佳子）

第8章

事例で考える子育て支援のプロセス

本章のポイント
- ●事例に基づいて、子育て支援のプロセスを理解する。
- ●子育て支援における保育者の視点や態度を考える。
- ●事例に基づいて、支援方法の実際を学ぶ。

1 インテーク

(1) 事例の概要

6月から保育所に入園したA君（3歳男児）は、母（23歳）、母方祖母（47歳）と3人で暮らしている。A君を妊娠、出産した頃、母は夫であるA君の父（24歳）から、たびたび暴力、暴言を受け、何度も実家に戻ることがあった。この4月に離婚が成立して、実家（母方祖母宅）に戻ることになり、それを期にパートで働きはじめた。母方祖父は母が高校生の頃に亡くなり、母方祖母は現在もパートで働いている。母の姉（24歳）は結婚して他県に住んでいる。

(2) ケースの発見・インテーク

入園前の面談は園長とクラス担任が行った。入園前面談には祖母がA君を連れて訪れたが、そのことについて母親からの事前連絡はなかった。

祖母の話では、A君は1歳半健診でことばの遅れを指摘されたが、療育の相談にはつながらなかったという。祖母は、A君の母親も言葉が出るのは遅かったが、特に問題はなかったし、A君はこちらが話すことは理解している様子なので、そのうち話すようになると考えているようだった。また、A君は偏食で、家でも好きなお菓子とパン、ご飯以外は食べようとしないが、これまで母や祖母が積極的に偏食を治そうとしたことはなかった。

A君はひとりでいることを好み、好きなものは電車や乗り物のDVDと電車のおもちゃで、家でもひとりで黙々と遊ぶか、気に入ったDVDを見続けているらしかった。

ワーク 8-1 ケースの発見・インテーク

あなたがクラス担任であったとしたら、上記の入園前の面談の際にどのようなことが気になりましたか。気づいた点をあげてみましょう。

（3）解説と考察

　保育所への入園前に行われる面談では、保育を行う上で必要となる情報の収集と保育所での生活や利用に関する説明が行われる。この入園前の面談は、子どもや保護者が安心して通園し、スムーズに保育所になじみ、安全な保育所生活を送ることができるように行われるものであるため、子どもを中心とした家族の状況を確認することになる。具体的には、子どもについては、生活のリズム、性格や個性（愛称、好きな遊び、苦手なこと）、食に関すること（好き嫌いや偏食）、アレルギーや疾病の有無などについてである。また、保護者については、主な送迎者、育児への協力者、就労や通勤の時間、緊急時の連絡先などである。

　この事例では、面談にA君の母親ではなく祖母が来た点に違和感を抱くことができただろうか。母親が来られなかった理由は様々考えられるが、面談には祖母が行くとの連絡が事前になかったことからも、母親の育児の状況や思いなどを気にかけ、知っていくことが必要になるだろう。

　また、A君の言葉の遅れや遊びの様子、偏食など気になる点があげられるだろう。A君自身の発達の遅れの疑いだけではなく、A君の育ちや子育ておよび生活に対する家族（母親や祖母）の問題意識にも今後着目していかなければならない。

　インテークでは、A君のこれからの保育所での生活や家族への子育て支援に向けて、保育所（保育者）がA君家族の子育てを支える存在であることを伝えることも重要である。生活課題の解決の主体は家族であり、保育者はあくまでA君家族の子育てを支える存在であるため、子ども・保護者の課題の認識が生活問題の解決のスタートともいえる。

2　アセスメント

（1）事例の概要

　A君の様子について、入園後に継続して担任を中心に観察していくことが保育所のカンファレンスで確認された。

　入園1週間後のカンファレンスで担任からA君の様子について報告があった。入園後に確認されたA君の様子は以下の通りである。

　入園当初はA君はほとんど発話がなく、おむつも取れていない状態であった。また極端な偏食で、ご飯（白米）しか食べようとせず、給食も最初は食べようとしなかった。送り迎えは、祖母が行っており、入園後1週間の間で母親と顔を合わせた保育士はいなかった。A君は、保育所の初日にもかかわらず祖母から離れることを嫌がらず、ひとりで保育室に入って平気な様子だった。あいさつにも視線は合わせず、電車の名前をつぶやくなど独り言のような発話だけしか聞かれなかった。周りの子どもたちのことは一切気にせず、自分のペースで過ごす印象だった。A君はおむつを使っていたが、トイレの声かけをすると、一応行くそぶりは見せた。トイレに行っても、ただ立っているだけだったので、さらに声をかけると、自分から保育室に戻ってしまうことが多かった。このほかにも、黙って保育室から出て行き、保育所のなかを歩き回ることが多かった。

ワーク 8-2 🕮 アセスメント

①第 7 章（p.39）のジェノグラムの書き方を参照し、A 君家族のジェノグラムを作成してみましょう。

②第 7 章（p.39）のエコマップの書き方を参照し、A 君家族のエコマップを作成してみましょう。

③ 第 7 章図表 7-2「アセスメントで把握する内容」を参照し、事例について以下の項目を記入しましょう。

			子ども・家族に共通する側面
子ども	身体的側面		
	心理的側面		
	社会的側面		
家族	身体的側面		
	心理的側面		
	社会的側面		

④ アセスメントで得られた情報をもとに、課題を整理してみましょう。

子どもの課題	
母親の課題	
家庭の課題	

(2) 解説と考察

　子ども・家族について**アセスメント**では、いくつかの視点から、子どもや家族の状態、子どもが置かれている環境について情報を集め、その時点で何が明らかで何がわかっていないのかを確かめることになる。これにより、ある視点からみたいくつかの断片的な情報が集まる。ここで、収集し整理する情報は、第7章でも解説したように、大きく分けて、①身体的側面、②心理的側面、③社会的側面の3つである。また、アセスメントを行う際に本人や家族の力に目を向けることができただろうか。この対象者が持っている力がその後の子育てや生活の強みとなることもあるため、対象者を理解する上で、本人や家族が有するストレングス（強さ）に着目することも重要な視点である。

　次に、その断片的な情報を合わせて、全体として子ども・家族がどのような状況、状態にあるのかをまとめ、取り組むべき課題を明確にしていく作業を行う。取り組むべき課題について、これから行う支援の順序を決めることになるが、これは支援の優先順位を決めるといってもよい。子ども・家族の状況を全体的に考えていかなければ、支援の見通しを立てることができない。また、実際の支援においては、個別の課題や部分的なことに注目し働きかけていくことになるので、アセスメントにおいて、家族の課題を全体としてとらえることが重要である。

　また一方で、その子の誕生前から現在までの、時間的な経過をみるという視点もある。子どもの誕生を保護者がどう受け取り、これまで子育てをしてきたのか、また、子どもの成長、発達について時間的な経過を知ることも必要な視点である。

　A君の事例では、入園前面談に母親ではなく祖母が来園したことから、子育ての状況に疑問を感じ、さらに保育所生活からはA君の発育、食、生活リズムなどの課題も見ることができた。家族の子育ての状況においても、入園以降母親が送迎することはなく、A君と祖母との関係も入園し立ての子どもに見られるような離れるときに泣きすぎるようなことがなく、家族間の関係性にも課題があることが明らかになった。

3　プランニング・インターベンション

（1）事例の概要

　　親子遠足のときに、母も参加して初めてあいさつすることができた。そのときの様子では、A君はほとんどの時間を祖母と手をつないでいて、母とかかわっている姿は見られなかった。

　　入園から1か月、保育所の生活にも慣れ、身の回りのことや食事、午睡など、保育所の生活で自分からやってみたり、できることも増えてきたりした。しかし、土日をはさみ、休みが続くと、また元の状態に戻ってしまうことが続いた。送迎のときに祖母と話す時間をとっては、おむつのことや食事のことを伝えるが、「家でもやってみます」と返事をするものの、あまり変化はなかった。祖母は、A君の状態について、「今はできていないが大丈夫」「そのうちできるようになる」と言うことが多く、家ではよく話していると保育士に伝えていた。

　　母や祖母とすぐに連絡がとれないことが多く、A君が保育所で熱を出したときには連絡がつかず、祖母が迎えに来たのは普段と同じ時間であった。A君のことで日中連絡がつかないのは困ると伝えても、そのときにはしきりに謝る祖母であったが、その後も連絡が取りづらい状況に変化はなかった。

ワーク 8-3 📖 プランニング

① アセスメントであげられた課題を下表①に書きましょう。
② 課題に対してのめざす姿（目標）を考えてみましょう。
③ 課題に対する支援はどのようなものが考えられますか。
④ 支援を行うにあたって連携や活用できる社会資源を考えてみましょう。

① 課題	② めざす姿（目標）	③ 課題に対する支援内容	④ 関係する社会資源

保育者として、A 君家族への支援を行う際の留意点を考えてみましょう。

(2) 解説と考察

　アセスメントによって明らかになった子どもや保護者、家庭の課題に対する支援方法、支援者、活用できる社会資源について具体的な計画を立てていくのが**プランニング**である。課題一つひとつに対して支援内容を具体的に考えていこう。このとき 5W1H を意識し、「いつ（までに）、誰が（誰と）、どこで、どのようにして、誰に、何をするのか」考えていくことが大切である。また、プランニングの際には子どもや保護者に参加してもらい、課題解決に向けてともに考えていくことが重要である。

　この事例では、母親とコンタクトを取ることが難しいと思われるので、祖母の協力を得て家庭全体の支援のためのプランニングを行うことが考えられる。子ども・母親・家庭それぞれの課題、その目標と支援方法について具体的に考えられているだろうか。

　子育て支援においては、「子育てできるようになる」ことや、「年齢にふさわしい生活習慣を身につける」ということのみをゴール（支援目標）と設定するのではなく、子ども本人や家族が望む生活や子育てをもとに、子どもの成長、家族の生活や子育てをめざす姿として、保育者がともに考えていく視点が重要である。たとえば、本事例では「（A くんが）様々なことに興味をもち自分から取り組もうとする」ことや、「（母親や祖母が）A 君の成長に喜びを感じることができるようになる」などが、めざす姿として考えられるだろう。

　インターベンションはプランニングで立てられた支援内容を実施していく段階である。留意点としては、保育者は、子ども・保護者がニーズを充足し、自らが課題の解決に向けて取り組めるようそのプロセスを側面的に支えるということである。

　この事例においても、保育者が主導となってプランニングを実施するのではなく、A 君と母親、祖母が自ら課題解決に向けて動けるように側面的なサポートをしていくことに注意する。

4　再アセスメント・再プランニング

（1）事例の概要

　　プランニングに基づいた支援を行っているなか、A君の生活習慣に関することにはある程度改善が見られるようになってきた。トイレも自分で行けることが増え、生活リズムも整ってきた。
　　12月になって祖母が交通事故にあい入院した。全身を強く打ち、入院は1か月程度であったが、右半身に軽い麻痺が残ってしまった。祖母が入院した翌日から母親が送迎するようになったが、朝は登園時間ぎりぎりになってからのことが多く、お迎えはいつも遅かった。母親の生活は乱れているようで、家着のような服装で送迎することが増え、仕事を休んでいるような様子が伺えた。母がA君の身の回りの世話を十分にしているとは思えず、前日と同じ服を着て登園することもあった。
　　A君の保育所での様子にも変化があった。ひとりで遊んだり保育室を出ていったりすることは見られたが、保育士の声かけに従い、片づけや着替えなど他児と同様に行動することが見られた。

ワーク8-5 ✎ 再アセスメント・再プランニング

① 新たに出てきた課題としてどのようなものがあげられますか。
② 課題に対してのめざす姿（目標）を考えてみましょう。
③ 課題に対する支援はどのようなものが考えられますか。
④ 支援を行うにあたって連携や活用できる社会資源を考えてみましょう。

① 新たな課題	② めざす姿（目標）	③ 課題に対する支援内容	④ 関係する社会資源

(2) 解説と考察

　インターベンションを実施しながら、支援状況をモニタリングしていくことが必要となる。**モニタリング**とは、支援が実際にどのように行われたのかそのプロセスを観察し、どのような効果が出ているのかについての情報収集と分析を行うことである。モニタリングを行い、期待した効果が得られていない場合は、何らかの問題が生じていると考えられる。そのため、アセスメントの段階に戻って計画の修正等を行う必要がある。それを再アセスメント・再プランニングという。

　この事例の場合は支援の途中でA君家族の状況に変化が生じている。その場合も、同様に再アセスメントを行い、計画の見直しを行う必要がある。アセスメントとプランニングのポイントに再度注意し、家族環境の変化を考慮した支援の再検討を行うことが大切である。

　今後は、新たな支援計画に沿って支援が進められていくことになるだろう。本事例では、A君が保育園を卒園（退園）し、本ケースが**終結**するまでA君の保育所での生活は継続されていくため、保育者は日々の保育を通して、A君の心身の成長や生活を支えていくことになる。また、A君家族に対しても、送迎時の声かけや必要に応じた面談等を行いながら、A君の成長を家族とともに共有し、家族の子育てを見守りながら支援する姿勢が求められる。保育所のように保育が継続される環境においては、支援の終結を定めることは難しいが、家族が抱える一つひとつの課題が解決された段階において、保育所が行った支援を客観的視点から**評価**することも必要となるだろう。

キーワード

インテーク　アセスメント　プランニング　インターベンション　モニタリング　評価　終結

ブックガイド

神原文子（2010）『子づれシングル──ひとり親家庭の自立と社会的支援』明石書店▶ひとり親家庭の親と子どもが直面する様々な生活困難を事例を通して、解説し、その解決策を提起している。

（松倉　佳子・佐藤　ちひろ）

保育士の行う
子育て支援とその実際
（内容・方法・技術）

第３部「保育士の行う子育て支援とその実際（内容・方法・技術）」では、多様な子育て支援の対象を、個別に取り上げて解説する。第９章から第15章まで、支援の対象ごとに７つの章にまとめられている。すべての章で、事例とそれに沿ったワーク、その解説が示されている。それぞれの事例に対し、具体的にどのように支援を行うか、その際に考えるべきことがらは何か、ワークを行いながら学んでもらいたい。

本章のポイント
● 保育所を利用する子育て家庭のニーズを理解する。
● 保育士が日常的に行っている支援内容を理解する。
● 保護者に対する支援のあり方（受容共感の姿勢など）を学ぶ。

1　保護者の抱える子育ての悩みと相談内容

　核家族化が進み、祖父母世代や地域からの育児支援が得られずに子育てに悩みや不安を抱える家庭は少なくない。子どもが誕生すると、子どもの発達のステージごとに悩みごとは変化していく。また、きょうだい数やその子どもの育てやすさ、育児環境による環境要因も育児を円滑にしていく上でのキーポイントとなってくる。このように多様化していく子育て環境の変容に伴い、保育所等の専門職が保護者の悩みや相談の窓口になることが求められている。

　子育てを負担に思う保護者、地域や親族から孤立している保護者、様々な保護者がいるなかで、各家庭はどのようなことに困難を抱えているのであろうか。ミキハウスは、2018年に全国の父親・母親を対象とした「子育ての悩みに関するアンケート調査（有効回答数4968名）」を実施し、「家庭」「配偶者との関係」「仕事との両立」「育て方」と4つの面から子育ての悩みを尋ねている。

　その結果からは、父親または母親が常に仕事で忙しく家にいない、もしくは育児に無関心という理由から育児・家事を父親または母親がひとりでこなさなければいけない「ワンオペ育児」の状況下に置かれている保護者が多いことが明らかとなっている。「ワンオペ育児をしていると感じたことがありますか」という問いに対して、「はい」と回答した父親または母親は全体の41.8％と実に10人のうち4人以上が「ワンオペ育児」の状況にあることがわかっている。

　さらに、子どもの育て方についての悩みは多様であり、一番多かった「子どもの生活リズム」に関する悩みについては、全体の61.5％の家庭が困っていることが示されている。保護者の帰宅時間が遅く、夜型になりがちな親の生活に影響を受け

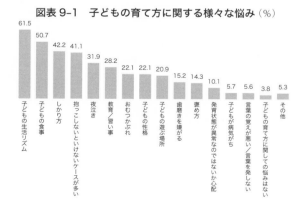

図表 9-1　子どもの育て方に関する様々な悩み（％）

（出典）ミキハウス（2018）「子育ての悩み調査」より筆者作成

ている場合や、子どもの成長に伴う生活リズムの変化など家庭要因だけではなく、子ども自身の要因も考えられる。続いては、「子どもの食事」（50.7％）、「しかり方」（42.2％）、「抱っこしないといけないケースが多い」（41.1％）、「夜泣き」（31.9％）の順となっている。図表9-1の通り、保護者の悩みのなかでもとりわけ多いのは、「子どもの生活リズムをどう整えるか」についての悩みである。保育者は、日中の子どもの様子を把握しており、専門的な見地から保護者の悩みや不安を少しでも軽減し、子育てがしやすい環境を整えていくために、日常的な相談内容に応じていく必要がある。

2　保育所利用家庭に対する支援の内容

　子育てが地域のなかで孤立化する時代を迎え、保護者と保育所の連携や協働は欠かせないものとなっている。そのため、行事だけでなく、通常の保育活動にも保護者が参加していけるような方向性の推進が重要となっている。このような取り組みは、保育者と保護者との信頼関係の構築の一助となる。保護者が保育所で実践している保育の取り組みを理解し、保育活動に参加していくことが重要視されるなかで、保育者には、保護者や家庭との良好な関係を構築していくような働きかけが不可欠であり、そのことは保育者の専門性にも結びついていく。つまり、保育者が保護者の置かれている状況をふまえ、保護者の相談に対して、受容と共感の態度で受け入れていく姿勢を示し、保育所での子どもの姿を発信していくことは、子どもとその家庭との信頼関係を構築していくための技能といえる。以下は、保育所で想定される具体的な子育て支援の内容である。各保育所によって取り組みは様々だが、東京都葛飾区の公立保育所で取り入れている代表的なものを紹介してみよう。

(1) 送迎時の丁寧な対応

　昨今では、多くの保育所が、保護者の仕事の時間に合わせ、朝早くから夜まで開所している。仕事の都合上、家庭によっては担任と顔を合わせることが少ない保護者もいるが、そのような保護者にも安心して預けてもらうため、たとえ早番や遅番の時間帯であったとしても子どもの様子を具体的に伝えたり、受け入れ時には視診（登園時に子どもの体調面や身体の傷・怪我がないか保育士が目でチェックすること）をしっかりとするなど、丁寧な対応をしていくことが大切である。また、伝えたい内容によっては、タイミングや言葉遣いにも配慮が必要である。送迎時は、直接保護者の表情や言動を見ながらやり取りができることから、家庭との信頼関係を深めるためには欠かせない対応の機会のひとつとなる。

(2) 個人面談

　保護者の子育ての悩みや相談だけではなく、保育所に対する要望・疑問点などを保育者と1対1で話すことのできる個人面談は、家庭との信頼関係をさらに深めたり、互いの情報を共有したりする機会となる。そのため、全家庭を対象に、少なくとも年に1回は実施していくこと

が求められる。個人面談は、保育者にとっても家庭での様子を把握することのできる機会となるため、日々の保育にも結びつく貴重な時間となる。個人面談の際には、保育者だけでなく保護者も記入できるような「面談シート（保護者が悩みを書きやすいようにマスを作成したり、記入しやすい文言を添えたりするなどの工夫も必要）」を活用し、記録に残しておくことも求められる。さらに、「面談の時間配分（時間には限界があるので、聞きたいポイントを絞って進めていくこと）」や「人的・物的環境の工夫（面談をする人や室温、面談場所の設定）」など様々な配慮が必要となってくる。

(3) 保護者向け講座の実施

　保育所によっては、子育て支援の一環として、保護者向けの講座を実施しているところもある。保護者向け講座と一言でいっても、その内容は多岐にわたる。たとえば、栄養士による食育講座や絵本作家による読み聞かせ講座など専門の講師を招いて行うものもあれば、親子で手づくりおもちゃをつくる会など保育者が中心となって行うものもある。さらに、保護者自身のリフレッシュを目的としたヨガなどの講座を行う場合もある。

　保育所を利用する保護者のほとんどは働いており、時間的にも精神的にも余裕がない場合が多い。そのため保護者向け講座の課題としては、参加者が少なくなりがちなことや、本当に支援を届けたい保護者に参加してもらうことが難しいこともあげられる。そのため、実施する際には、開催日時・内容の検討だけでなく、送迎時に直接保護者に声かけしたり、壁新聞や園だよりなどを活用したりするなど、全保護者に講座の概要や内容を周知させる工夫が必要である。

ワーク 9-1 📖 保護者向け講座を企画してみよう

あなただったらどのような保護者向け講座を企画しますか。各自が取り組んでみたい講座を企画してみましょう。〔10分〕

①家庭の現状（例：朝ご飯を食べてこない子がいる）

②講師（例：栄養士）

③テーマ（例：朝ご飯でパワーアップ！）

④講座のねらい（例：講座を通じて、保護者自身が朝ご飯の大切さに気付き、朝ご飯を食べてくる子が増える。その結果、子どもがより健康的な生活を送れるようになり、保育活動が豊かになる）

---

(4) 父親懇談会

　保育所での集まりでは、母親が参加することが多いであろう。そのため、父親同士の交流の場として、「父親懇談会」を設定する。父親懇談会では、家庭で子どもと一緒に遊べるような

簡単な手づくり玩具をつくったり、男性保育士と日頃の子育てについて話したり、また子どものこと以外のことをざっくばらんに話したりと、ゆったりした雰囲気のなかで父親同士が交流できるようにする。普段はなかなか父親同士で顔を突き合わせて、歓談する機会は少ないが、互いの悩みや思いを知ったり、コミュニケーションをとったりすることで、保育所での保育を知ってもらうことができるだろう。こうした機会の提供は、家庭全体への支援にもつながっていく。昨今は、ひとり親世帯も多くいるため、祖父の参加も歓迎したり、有志活動であることを明記したりするなどの配慮も忘れないでおきたい。

(5) 出会い保育

　葛飾区の公立保育所では、「出会い保育」を取り入れている園がある。「出会い保育」とは、葛飾区の職員が行っている自主勉強会のなかで提案された活動のことを指し、保護者も子どもとともに保育活動に参加するかたちの慣らし保育だと考えればよい。つまり、保育園に入園したばかりの子どもたちが園生活に無理なく慣れるようにするため、保護者と子どもが一緒に保育所で数日間過ごしながら、親子が離れるときをその子のペースに合わせて決め、少しずつ保育時間を長くしていくようにする方法を示している。筆者の保育園では、筆者が０歳児クラスを担任した際に、「出会い保育」を取り入れた。

　実際に「出会い保育」を行ってみると、子ども一人ひとりのペースに合わせることができるため、子どもたちの泣き声がかなり軽減されることがわかった。また保護者と保育者がゆっくり話をする時間ができ、家庭での様子や困っていることなどが聞け、導入前より家庭とのコミュニケーションが多くとれるようになった。既述の通り、子どもたちは導入後かなり安定するようになり、いざ保護者と離れる時期になっても、長泣きせずに別れられるようになった。また、子どもだけでなく保護者に対する効果もあり、安定した子どもの姿を見て、安心して仕事へ向かえる様子が見られた。

　新しい環境に不安でいっぱいの保護者に対して、仕事復帰までの期間を一緒に過ごし丁寧にかかわることで、信頼関係を築く大きな一歩になると感じた。その結果、４月当初から落ち着いたクラスとなった。

3　事例検討

　次の事例を通して、実際に保育所を利用している家庭への支援について考えを深めていこう。

(1) 事例Ⅰ：保育園に不信感を抱く保護者

　第１子で保育所に０歳児Ｙちゃんを４月から預けはじめた母親のケースをみてみることにする。当時、Ｙちゃんを担任していたのは新人保育士Ｕであった。この保育士は、Ｙちゃんの送迎時に母親に対して、保育所での子どもの様子を伝え、できるだけコミュニケーションをとるようにしていた。Ｙちゃんの

笑顔も次第に増えていき、担任Uの後を追ったり、Uを求めてきたりする姿も多くなり、互いの信頼関係はできてきたように思われた。

　保育所の生活に少しずつ慣れはじめた5月のはじめに、Yちゃんの母親からU保育士宛に手紙が渡された。手紙には、①連絡帳に記載してあるおむつの数と実際のおむつの数が違っていること、②非常勤保育士の役割がわかりづらいこと、③おむつ交換を非常勤保育士にお願いするとかぶれや下痢等のサインを見落とすのではないかという不安、④入園後のルール変更（名前の記載の仕方など）、⑤発熱時の保育園側の方針やお願い（解熱するまで家庭で休んでほしいこと）に対する意見がA3用紙3枚分にびっしりと記入してあった。

　もちろん、手紙のなかには、日頃事故なく過ごしていて満足していることや音楽や外遊びが好きになったこと、園の様子や日中の子どもの姿を聞くことが楽しみになっていることなども書かれていた。しかし、祖父母も遠方に住んでいることから、日頃の育児に疲れており、衝動的に担任への手紙を書いてしまったようだ。

ワーク9-2 ✍ ジェノグラムを作成し、保護者対応について考えてみよう

①この家族のジェノグラム（架空）を想定して描いてみましょう。〔5分〕

＊男性は□・女性は○で表記（⇒第7章 p.39）

②ジェノグラムから読み取れることは何ですか。〔5分〕

③保護者対応として保育者が大切にしなければいけないことはどのようなことか、2人1組で考えてみましょう。〔5分〕

（2）事例2：認められたい保護者

　8月のお盆明け、連休から久しぶりに登園した1歳児のAちゃん。Aちゃんが普段登園するのは、クラスの子どもがほとんど揃っている時間帯である。この日は、職員の夏期休暇もあり、大人の人数が普段より少なく、バタバタしている状態であった。早番の多いクラスで、Aちゃんが登園してくる8時40分頃は、他の子は遊び込んでいる状況。そのなかに入っていくことになるため、Aちゃんが遊び込めていないと思われる姿が多々見られていた。

　そのなかで朝の受け入れ時、担任の対応がそっけなく感じられた日が2日間続いたと、Aちゃんの母親から園長に相談があった。そのときに母親から話された内容は、「R先生を責めているわけではないが、自分（母親）がR先生に対して何かしてしまったのではないかと不安になった」ということであった。その日の朝、休み中の生活について「お盆に祖母のところに泊まりに行ったが、大人の都合で予定より早く帰ってきてしまった」と母親からは語られていた。しかし、家庭の事情にどこまで言及してよいのか判断がつかず、その日は子どもの様子を聞くだけで受け入れを済ませてしまっていた。

　母親からの相談を受け、早速その日の夕方に、Aちゃんの母親、園長、主任保育士、R担任保育士の計4人で話し合いの場を設けることにした。朝の受け入れ時にバタバタしてしまい、十分な受け入れができていなかったことを反省し、まずは母親を不安にさせてしまったことに対して謝罪をした。母親は担任Rの話を聞き、ホッとした様子を見せ、安堵の表情に変わった。

　この日を境に、担任Rは、送迎時に母親と積極的に話をするように心がけ、子どもの話だけでなく母親自身の話も聞いていくようにした。すると、少しずつ母親との関係がよくなり、子どもの日々の成長を喜び合うことができるようになった。顔が強張っているときは「朝○○があって自分は今イライラしている」と不器用ながらも母親の方から心を開き、日々の育児の大変さや悩みを伝えてくれるようになった。

ワーク9-3 🖉 ロールプレイングを通して保護者の気持ちを理解してみよう

① 母親・園長・主任保育士・担任保育士の4人組になり、ロールプレイングしてみましょう。〔10分〕
② それぞれ演じてみた役割の気持ちについて、以下の項目をふまえて語り合ってみましょう。〔15分〕

POINT
・保育所への訴えの背景に、母親のどのような現状や気持ちが表れているのでしょうか。
・Aちゃんの母親とR先生の関係が良好になった理由を考えてみましょう。どのような対応が母親の心が変化するきっかけとなったのでしょうか。
・今後も安心してAちゃん親子を受け入れていくには、各役割ができる対応はどんなことがあるでしょうか。

(3) 事例3：保育者と話をしたい保護者

　3歳児クラスに進級したBくん。Bくんが保育園を利用する時間は長く、朝は早番の保育士が受け入れ、帰りは遅番の保育士が引き渡しを行っている状況であった。担任Hも朝夕の当番になった際には、保育園での様子をどの保護者にも話すようにしていたが、Bくんの母親とは日常のコミュニケーションが十分にとれていないと感じていた。そのため、以前から保育中に気になっていたBくんの落ち着きのない姿について、家庭に対し伝えられていなかった。

　担任HがBくんの母親にこのことを伝えなかった理由は、Bくんの母親とのかかわりが難しいと感じていたため、まずは家庭との関係を築こうと思い、なるべくよいところを伝え、課題の姿をあまり伝えないようにしていた。つまり、保育者との関係性が担保されるまでは、母親に伝えるべきではないと判断したからであった。ところが、Bくんの母親は、家庭でも兄との兄弟喧嘩がひどく、Bくんの落ち着きのない様子に対して保育者と同じように悩んでいたというのだ。Bくんの母親は、園長に面談を求め、「保育園でのBの様子や友達関係がどうなっているのか全くわからない」「担任のH先生とはお迎え時に会えないので相談できない」「遅番の保育士が保育園での子どもの様子を話してくれない」「保育園でのBの姿を詳しく伝えてほしい」と不満を訴えてきた。

ワーク9-4 ☞ 母親の立場に立って、保育の現場でできることを考えてみよう

①Bくんの母親は、どんな気持ちなのでしょうか。Bくんの母親の立場になって考えてみましょう。〔5分〕

②Bくんの落ち着きのなさは、何が原因だと考えられますか。〔5分〕

③保育者としてBくんの母親とのコミュニケーションをとっていくためにどんな工夫ができるでしょうか。対策案を書き出してみましょう。〔5分〕

4　事例の解説と考察

(1) 事例1について

　事例1でみたように、初めての子どもを保育所に預ける保護者にとっては、子育てに対する漠然とした不安や新しい環境への対応により、何かと余裕がなくなる時期である。とりわけ、

第1子で0歳児の子どもをもつ保護者の場合、日々の園生活で疑問に思ったことや保育のあり方など、気になることがあったとしても保育者に聞けないでいる保護者が多くいる。そのため、保育者側から適宜、声かけをしたり、気にかけていることを態度で示したりすることが不可欠であり、こうした姿勢は保護者の保育所や保育者に対する安心感につながっていく。

　具体的には、家庭とのコミュニケーションを図っていく際に、「何かわからないことがあるか」や「聞いておきたいことはあるか」と尋ねたり、「困ったことがあればどんなことでも聞いてほしい」という開かれた関係性であることを口頭で示したりし、保護者との信頼関係を築いていくことが大切になる。0歳児の場合には、体調の変化が大きいため、具合が悪くなったときには、保護者に早くお迎えに来てもらう必要がある。祖父母の手助けがない場合には、どちらかの親が仕事を早退したり、仕事を休んだりしなければならない。特に、職場復帰した直後の場合、休みがとりにくいこともあるだろう。さらに、重要な仕事が入っている場合には、職場での調整が必要になってくる場面もある。とりわけ、ひとり親家庭の場合には、誰にも頼ることができず、母親が孤軍奮闘しているケースも少なくなく、心身ともに疲れ果てていることがある。

　このように、毎日の生活のなかでは、時に家庭と仕事の両立が思うように進まず、上手くいかないことも出てくる。しかし、そんなときに保護者の思いや気持ちに寄り添える保育者の存在があれば、保護者にとっての大切な気持ちの拠りどころとなるだろう。そのため、保育者は、各家庭との日々のコミュニケーションを大切にしつつ、子どもと保護者の両方の思いや大変さに気付いたり、話を聞いたりしていく姿勢が求められる。このような保育者による受容と共感の姿勢が、安心して預けられる保育所づくりへとつながっていく。たとえ、新人保育士だとしても保育・教育・子育て支援の専門家（プロ）として、それぞれの保護者とのかかわりを考えていくことが肝要になるだろう。

(2) 事例2について

　事例2のように、保育所では、朝夕の送迎時や行事など人員に余裕のない場合や繁忙期などタイミングによっては、保護者とじっくり向き合えないときもある。とりわけ、朝の受け入れの時間帯は、子ども登園の時間が重なったり、保護者も仕事に向かったりするため、保護者と十分なコミュニケーションがとれないことが予測される。その場合には、対応できる保育者の数を把握するとともに、子どもを見る保育者、保護者と話をする保育者などと役割を分担していくことも一案となる。このように限られた環境のなかで、どうすることがベストなのかを保育者同士で考え、柔軟な姿勢で保護者への対応をし、コミュニケーションを図っていくことが大切になってくる。

　保護者のなかには、子どもの話よりも、自分（保護者自身）の話を聞いてもらいたい保護者もいる。例示するならば、「仕事と家事を両立しながら、子育てを頑張る自分の話を聞いてほしい」、「自分の努力する姿を認めてほしい」という思いを保育者に伝えたい保護者もいる。その場合には、子どもの話は別の機会にするなど、保護者が聞いてほしい話に共感する姿勢を示し

たり、積極的に保護者の話を聞いたりしていくような働きかけや配慮が求められる。

(3) 事例3について

　事例3で示したように、幼児クラス（3歳〜5歳児）になると、家庭と保育者との情報共有の機会が乳児クラス（0歳〜2歳児）のときと比較し、急に減ってしまったと感じる保護者は少なくない。実際に3歳児クラスになると、保育所によっても異なるだろうが、乳児クラスのときにあった連絡帳がなくなる場合が多い。しかし、幼児クラスに進級したとしても保護者が保育所での子どもの様子を知りたいと思う気持ちは当たり前である。このように幼児クラスでは、どうしても保護者とのコミュニケーションが希薄になりがちなので、意識して家庭とのコミュニケーションを図っていくことが求められる。

　保育者に対する要望や相談は、内容によってすぐに取り組めるものとそうでないものと様々に考えられるが、保育所独自の取り組みや工夫も心がけていきたい。たとえば、「必要に応じて幼児用の連絡帳をつくる」、「一日の様子を詳しく遅番の保育士から伝達する」、担任と面談がしやすいように「面談希望カードを用意する」、「壁新聞や手紙などで保育所での様子を紙媒体で伝える」などの実践が考えられる。

　さらに、子どものマイナス面（落ち着きがない様子など）を保護者に伝える際には、特に注意が必要となる。保護者との関係が構築できているかどうかは、対人援助をしていく上での大前提となるが、保護者と話す際は、マイナス面だけの話にならないよう留意し、子どものよい面を伝えていくことも重要となってくる。また、立ち話ではなく、面談の場を設けるなど落ち着ける環境で話をするなどの配慮も求められるであろう。

キーワード

子育ての相談内容　保育所利用家庭への支援　ジェノグラム　ロールプレイング

ブックガイド

新保庄三・田中和子編著（2016）『保護者支援・対応のワークとトレーニング』ひとなる書房 ▶ 保護者理解と支援の基本姿勢について、ワークシートや事例を活用して学べるよう構成されている。具体的には、保護者支援を行う際の3つの対応方法や支援の視点およびポイントについても記載されている。さらに、保護者のニーズに気が付くために求められる日常的な関係づくりメソッドなど、保育者の子育て支援についても明記されている。

（佐藤　純子）

第**10**章　地域の子育て支援に対する支援

本章のポイント
- 未就学児をもつ家庭の育児状況を理解する。
- 地域子育て支援の実践を知る。
- 課題やニーズを抱えた家庭への支援の方法（アウトリーチなど）を考える。

1　地域の子育て家庭の現状

　子どもが誕生すると、子どもとの生活のなかで育児が待ったなしにはじまっていく。皆さんは、子育てをどのようにすればいいのかその方法をこれまでの経験のなかで学習する機会があっただろうか。たとえば、下に弟や妹がいたり、親族が多くいたりする場合には、小さい子どもの世話をする機会に恵まれ、子育て法を自然に学ぶことができたかもしれない。しかしながら、現在はきょうだい数も少なく、わが子の誕生まで乳幼児と接したことのない親が意外と多く存在することは近年よく耳にする話である。

　厚生労働省が 2017（平成 29）年に実施した「国民生活基礎調査」によると、児童のいる世帯は 1173 万 4 千世帯で全世帯の 23.3％ となっており、児童が「1 人」いる世帯は 520 万 2 千世帯（全世帯の 10.3％、児童のいる世帯の 44.3％）、「2 人」いる世帯は 493 万 7 千世帯（全世帯の 9.8％、児童のいる世帯の 42.1％）となっている。世帯構造をみると、「夫婦と未婚の子のみの世帯」が 881 万 4 千世帯（児童のいる世帯の 75.1％）で最も多く、次いで「3 世代世帯」が 166 万 5 千世帯（同 14.2％）となっている。

　児童のいる世帯における末子の年齢階級別にみた母の仕事の状況をみると、「仕事あり」の割合は 70.8％ であり、上昇傾向となっている。総務省が 2004（平成 16）年に実施した「労働力調査詳細結果」によると、0〜3 歳の末子がいる母親のうち、67.3％ が仕事をもたない専業主婦であったが、今回の調査では、0〜3 歳の末子がいる母親のうち、「仕事なし」と回答した母親は、48.2％ であり、昨今では働く母親の数が増えている傾向にあることが示されている（図表 10-1）。

　2004 年の総務省のデータと比較すると、概ね 20％ 近くも働いている母親が増加していることがわかる。こうした増加の原因については、様々な要因が考えられる。例示するならば、生活意識の向上や核家族率が増加したことで、子どもをもつ家庭の経済的な負担感が増していることがその一因として考えられる。さらに、女性の社会進出に対する意識の変化が進み、母親が仕事をもつことへの抵抗感が薄れたことも増加の理由としてあげられるであろう。

　しかしながら、依然として、0〜3 歳の末子のいる母親の約半数が在宅で育児をしていることも忘れないでおきたい。両親就労世帯よりも片親就労世帯において育児不安やストレス値が

図表 10-1　末子の年齢階級別にみた母の仕事の状況

末子の年齢	正規の職員・従業員	非正規の職員・従業員	その他	仕事なし
児童あり	24.7	37.0	9.1	29.2
0歳	26.5	10.0	5.9	57.6
1	26.8	20.4	6.7	46.1
2	29.9	23.0	6.2	40.9
3	22.2	35.4	8.9	33.5
4	25.8	34.5	10.1	29.6
5	21.5	38.6	9.8	30.1
6	22.4	37.2	11.4	29.0
7～8	22.8	43.6	10.0	23.6
9～11	23.8	45.0	10.1	21.0
12～14	25.7	47.4	9.4	17.4
15～17	24.1	46.1	10.2	19.7

（仕事あり（70.8%）　仕事なし　単位：%）

（出典）厚生労働省（2018）「平成29年国民生活基礎調査の概況」

高いことは周知の事実である（牧野，1982：2005）。このような状況をうけ、わが国では、2000年以降に少子化対策の一環として、専業主婦世帯に対する子育て支援策が積極的に推進されるようになった。具体的には、日中家庭で過ごしている親子が集い、交流ができるような居場所づくりや育児相談・子育て支援講座などが受けられる拠点として「地域子育て支援センター」や「つどいの広場」の設置が全国各地に広がっていった。以上のように、共働き世帯への支援、つまり保育園に在籍する保護者だけを支援の対象とするのではなく、広く地域の子育て家庭に向けた支援にも取り組んでいくことが求められるようになった。

2　保育・幼児教育施設の特性を生かした子育て支援

2018（平成30）年に改定された、保育所保育指針には、保育所の役割として共働き世帯と片働き世帯の双方の支援を担うことの必要性が明記されている。いずれの支援についても以前から行われてきたことだが、今回の新指針においては、大臣告示され法令となったことから、その役割がより大きなものとなり、中身も強化されている。つまり、改定版においては、保護者・家庭および地域と連携した子育て支援の必要性が強調されているということになる。このことに加えて、保育者が一方的に子育て支援を担うのではなく、「保護者が子どもの成長に気付き子育ての喜びを感じられるように努めること」についても明記されている。要約すると、保育者は、家庭と連携して子どもの育成にかかわっていくとともに、保護者および地域が有する子育て力を尊重しつつ、当事者たちがそれぞれの力を向上していけるように、保育の専門性や保育所の特性を生かしながら、子育てにおける保護者の主体性が発揮できるようにサポートしていかなければならないということになる。こうした子育て支援の基本的事項については、幼稚

園教育要領や幼保連携型認定こども園教育・保育要領にも共通する部分となる。

　保育所が担う地域に開かれた子育て支援としては、以下の2点に集約できる。その1つは、**「地域の子育ての拠点としての機能」** となる。具体的には、保育所を地域の子育て家庭に開放し、育児講座や親子遊びの企画を実施し、育児に関する情報提供や育児相談を行っていく。また、保育所が地域に向けた活動を実施することを通じて、地域の子育て家庭同士の交流が盛んになっていくことも期待できる。2つ目は、地域で必要とされている一時保育のニーズに応じて、市町村と連携しながら行う「一時保育事業」である。

　児童福祉法では、保育士の業務として保護者に対する保育に関する指導を行うことや保育所における保護者に対する保育指導を行うことは、子どもに対する保育や教育と等しく重要な業務のひとつであると規定されている。つまり、保育者が親の主体的な子育てを支えるとともに「親が親として成長する」ことへの価値を地域全体に浸透させること、つまり、親のエンパワーメントを支えるための拠点づくりと人々のつながりを広げていくことへの支援も大切な保育者の業務であるということになるだろう。

3　保育園における地域子育て支援の実際

(1) 地域の子育てを支援するイベントの実施

　未就園児のいる地域の家庭を対象とし、保育園に招いて様々な企画を実施している。葛飾区の公立保育園では、家庭で保育している親とその子ども（主に乳児）に来園してもらい、保護者と子どもに実際の保育園の活動を体験し、楽しめるような企画を年に4〜5回程度（各保育園により回数の違いあり）、計画している。具体的には、赤ちゃんの夏の過ごし方を看護師から聞く会や離乳食についての話を調理師から聞く会、保育所の園庭開放や玩具で遊ぶ会など、保育所の職員や在籍している子どもたちとかかわり合いをもちながら約1時間程度、保育園で過ごしてもらうような企画となっている。地域の親子に保育所へ足を運び、様々な体験をしてもらうことは、地域親子の孤立化を防いでいくことにもつながる。また、実際の保育園を知ってもらうことで地域の子育て支援ネットワークの形成に役立っていく。

(2) ふれあい体験保育

　葛飾区の各園では、「ふれあい体験保育」を実施している。「ふれあい体験保育」とは、保護者が子どもと一緒に、保育園の生活が体験できる体験保育のことをいう。筆者が1歳児クラスを担任しているときに、Dくんとその母親が「ふれあい体験保育」に来てくれ、給食までの時間をクラスで一緒に過ごしたことがある。Dくんの母親に話を聞いてみると、入園する保育園を選択するため、地域の保育園を見て回り、子どもに合った保育所を探しているとのことであった。こうした理由もあって、Dくんの母親からは、1歳児クラスの子どもたちの人数や保育者の配置数、屋外でどのくらい遊ぶのかなどの具体的な質問が出てきた。さらに母親からは、「ここの園を実際に体験できて保育園の様子がよくわかりました」という感想も寄せられた。

以上のように、保育所を地域に公開することで得られる地域親子との交流機会は、保育者自身が保育園の活動実践を広く地域全体に伝えることの大切さを実感する契機にもなっている。

(3) ふれあい運動会

　保育園の0〜2歳児の在園児と地域の子どもたちが中心となり、秋頃にミニ運動会（午前中のみ）を行っている保育園もある。乳児向けの体操やかけっこ、簡単な遊戯などを行い、初めて来る地域の方々にも参加しやすい内容で構成している。夏の終わり頃から地域向けにポスターを作成し、広報活動をしているということもあり、普段保育園に来る機会のない地域住民の参加も多く見られている。

(4) 児童館との連携

　保育園のなかには児童館が併設されている施設もあり、日頃から児童館との連携を密にしている。児童館は0歳から18歳までの幅広い年齢の子どもを対象にしており、学童保育事業を併設している児童館も多い。そのため、子どもにとっては、長いスパンで通えることのできる地域の重要な機関となっている。保育園と児童館の連携事業では、未就学児とその保護者を対象に、保育園の子どもたちが歌や手遊びを披露して一緒に楽しむなどの活動が行われていたり、このほかにも保育園の運動会、児童館のお化け屋敷など、互いの行事との行き来も盛んである。利用者にとっては、保育園の子どもたちの様子を見ることで、活動自体を楽しむだけでなく、保育園の様子を知ることができる。そしてこのような経験は、保護者にとってもわが子の数年後の成長をイメージする機会となる。また、児童館との連携により、保育士・看護師・調理師などの専門職が児童館利用者の相談に応じる機会もあり、相談機関としても機能している。

(5) おもちゃの広場

　「おもちゃの広場」とは、東京おもちゃ美術館（新宿区・四谷）が育成している「おもちゃコンサルタント」の有資格者が、グッド・トイ（良質なおもちゃ）を利用して開催する子育てサロンを指す。

　「どうやってわが子と遊べばいいのかわからない」「子育ての仲間がほしい」「地域の遊び場がほしい」などの悩みをもつ親たちに向けて、遊びやおもちゃを通したコミュニケーションの大切さを伝え、親子ともに成長できる場をめざして開催している。

　具体的には、年に数回ほど、公民館や子育て支援センター、保育園内のホールなどを利用して、おもちゃコンサルタントと保育者が一緒に遊びのサポートしている。そのため、保護者は、安心して子どもとともに参加することができている。

(1) 事例Ⅰ：保育園で開催「おもちゃの広場」

　「おもちゃの広場」に参加しようと父親と子ども2人（Eちゃん4歳・Fちゃん2歳）が筆者の勤務する保育園に来た。Fちゃんは父親に抱っこされ、なかなか父親から離れない様子であった。Eちゃんはたくさんある玩具に興味を示し、自ら進んで遊んでいた。父親は荷物を隅に置いた後、Fちゃんを抱っこしながらEちゃんの近くに行った。そして、Fちゃんが興味を示しそうな動く玩具を手にとり「ころころころ～」と擬音を交えながらかかわっていた。しかし、Fちゃんは興味を示さない様子であった。その姿を見た保育者は、まず姉であるEちゃんに方に近寄り「このおもちゃはね……」とおもちゃの使い方を教えてあげた。すると、「すごい！おもしろいね」と楽しそうにEちゃんが答える。その姿を見てFちゃんは姉の使う玩具を指差した。そして、その遊びを姉と「一緒にやりたい」と父親にアピールする場面が見られた。保育者は、「一緒に遊ぼう」とFちゃんを誘い、同じようにFちゃんに遊び方を教えてあげた。すると、Fちゃんも自分から手を出し、玩具に触れる姿が見られた。その後Fちゃんは、自然と父親から離れ、Eちゃんとともに遊びはじめた。

　娘たちの姿を見た父親は、安堵の表情を見せていた。保育者からは、父親に対して「2人ともよく遊んでいますね」と伝えた。すると、はじめは緊張し、照れくさそうに話していた父親の表情が段々と緩み、父親の方からも玩具の使い方を聞いたり、自分から子育ての相談をしたりするなど積極的な姿勢が見られるようになった。

ワーク10-1 ✐「おもちゃの広場」の活動を計画してみよう

　事例を読み、あなたがこの保育所の保育士だと想定し、次の「おもちゃの広場」の担当者になった場合、どのような計画をしていきたいですか。父親への子育て支援活動にしてもいいですし、おもちゃを使った活動でも自由に場面を設定してください。〔10分〕

テーマ：
活動内容：
参加対象者：

(2) 事例2：地域の親子と保育園をつなぐ「ふれあい運動会」

　Gさんは、児童館でのママ友から教えてもらい、地域に向けて開催している保育園の「ふれあい運動会」に初めて参加した。娘のLちゃんと同い年と思われる保育園の子どもたちが、保育者を見ながら集中して説明を聞こうとしたり、体操を模倣したりする姿を見てGさんは驚いていた。

　Gさんは、日頃からわが子の発達が遅いのではないかと不安に思っていた。当日も「うちの子にもできるのだろうか」と焦り、表情が強張っているように見えた。

　最後のプログラムでは、全員参加の体操があり、Lちゃんも参加させようとしたが、なかなかLちゃんは母親であるGさんのもとを離れようとしない。すると、Gさんは、「Lちゃんはどうして、離れてくれないの？」「あの子は離れて参加しているのに、どうしてあなたはできないのよ」とLちゃんを強い口調で叱りつけてしまった。①その様子を見ていた近くにいた保育者が、「Lちゃんは、ほかのお友達の様子を注意深く見ていましたね」とGさんに声をかけた。するとGさんからは、「そうなのですか？　ほかの子の様子を見ているのかな」と不安げな様子を見せながらも回答が返ってきた。それに対し、保育者が「じっくり見ていることもとても大切なことなのですよ。小さな子どもでも観察して覚えようとしているんですよ」と声をかけると、Gさんは驚いた表情になった。

　その後、GさんはLちゃんに声をかけることなく、じっとLちゃんの様子を見守ることができていた。最後に記入してもらう参加者感想シートには、②「参加してよかったです。子どもだけでなく、ひとりの大人としてもよい経験になりました。実際の保育士の先生からの話があり、不安が消えただけでなく、またひとつ子どもについて学ぶことができました」とのコメントが寄せられた。

ワーク 10-2 ✍ 事例を通して地域の子育て支援について考えてみよう

①この事例を読み、Lちゃんの母親であるGさんの気持ちを考え、各自記載してみましょう。〔5分〕

②保育者は、なぜ下線①のような声掛けをしたのでしょうか。〔5分〕

③母親Gさんが、参加者参加シートに記した下線②にある大人としての学びとは、具体的にどのような学びでしょうか。考えてみましょう。〔5分〕

ワーク 10-3 ✍ 「保育所の特性や保育者の専門性」について理解を深めよう

　上記、個人で考えたことを共有します。**保育者の専門性**を活かした子育て支援について、グループ（2人～4人程度）で話し合いましょう。保育所だからできたこと、保育者だからこそできたことを「保育所の特性や保育者の専門性」をテーマに整理してみます。〔全体で15分〕

① 保育所だからできた支援：物的環境〔5分〕

②保育者だからこそできた支援：人的環境〔5分〕

③クラス全体から代表グループを決め、発表内容を共有します。〔10分〕

5　事例の解説と考察

(1) 事例１について

　事例１として示した「おもちゃの広場」に来園した父子の様子を、皆さんはどのようにとらえただろうか。地域子育て支援の場においては、毎日通ってくる保育園利用家庭とは違い、不定期の参加となると家族の状況が把握しにくい。こうした状況をうけ、来てくれた地域の家庭に対しては、家族構成を予測しながらも、親子関係を観察しつつかかわりをもったり、必要に応じて声かけをしたりするような即時的な対応が求められてくる。

　現在は、共働き家庭が増えたことから、子育てに積極的に参加する父親が増え、「イクメン」といった造語ができるなど、かつての父親像が変化してきている。昭和の時代には、拡大家族が多かったことから、３世代が同居する家庭も少なくなかった。しかし、現在は、圧倒的に核家族世帯が多くなったため、母親と父親の両方の親が仕事・家事・育児を協働していかないと家庭生活が成り立ちにくい社会構造となっている。

　この事例では、父親のみが「おもちゃの広場」に子どもを２人連れて来ていることから、日頃から子育てに協力的な父親であることが推測できる。しかし、保育園の地域子育て支援事業や親子のふれあい場などでは主に母親の参加が多いため、活動に入りづらいと語る父親も少なくない。実際に、来園する父親たちの表情を見てみても、緊張の面持ちをしていたり、疎外感や不安感を抱く様子が見られたり、どうしていいのかわからずに困惑している場面に出くわすことがよくある。おそらく事例の父親もそのような気持ちをもったことがあるのではないだろうか。今回の事例では、保育者や職員から自分の子どもに対して遊びの手助けがあったことで、間接的な父親への援助にもつながっていた。父親も子どもが楽しく遊びはじめたことに安心し、「おもちゃの広場」に参加する時間がより居心地のよい時間になっていったようである。

　子育て支援として、母親と子どもの活動はもちろんのこと、父親の参加があった場合には、父親自身が受け入れられている感覚がもてるように、その時々の参加者の感情や思いを察したり、参加の背景を考えながらサポートをしていく必要性がある。さらに、祖父母が参加する場合には、無理のないゆるやかな活動を考案したり、落ち着ける雰囲気づくりを心がけ、世代を超えた家族ぐるみの子育て支援の拠点づくりをめざしていくことが重要である。

(2) 事例２について

　２つ目の事例である「ふれあい運動会」についても振り返ってみることにしたい。保育所では、地域の親子に向けて様々な子育て支援事業を実施している。保育所内での育児相談といった類の保護者の悩みに対応する子育て支援もあるが、地域の子どもたちが保育所に在籍している子どもたちと一緒に楽しめるような行事や機会を提供している。このように現在は、どの保育所においても、開かれた保育所づくりが志向されている。

　普段、家庭を中心に子育てをしており、保育所を利用したことのない保護者にとっては、地域子育て支援事業への参加が、「保育園の子どもたちは、どのようなことをしているのだろう

か」「先生と子どもはどのように一日を過ごしているのだろうか」「わが子と同年齢の子どもたちはどのような活動を楽しんでいるのだろうか」など、保育所について知らないことや疑問に思うことを確かめる機会となる。そのため、このような家庭に実際の活動へ参加してもらうことは、保育所への理解を深める好機となる。さらに、保育所に通っている子どもの姿を見て、わが子の姿と照らし合わせてみることは、その家庭の育児の参考となる。つまり、参加者自身の子どもの発達や成長の確認の機会にもつながるということになる。

　現に、地域の親子に保育所の行事などに参加してもらうと、参加家庭からは予想以上に驚愕や発見があるようで、参加した感想や驚いたことを具体的に保育者へ伝えてくる保護者は多い。この事例でも、保育所に通っている子どもたちの姿とわが子の姿とを比較し、保育所の子どもの方が優れているように感じたと母親側から語られている。この母親の場合には、自分の子どもの成長に問題があるのではないかと感じ、自身の子育てに不安感を抱いてしまっていた。しかし、保育者が母親に対し、「子どもを見る視点」や「専門的な見地によるアドバイス」を伝えたことで、母親自身が安心しただけでなく、それまで感じていたわが子に対する見方をも変化させることができるようになっていった。このような専門職である保育者と家庭が子どもについてともに語らう機会は、保護者にとってもよい発見や経験となり、わが子のことを深く知るチャンスへとつながっていく。

　昨今は、核家族世帯が増えたことから、家族内だけでなく、地域においても子育ての悩みや不安を相談できる場が減ってきている。こうした状況は、育児の孤立化を生むだけでなく、育児に対する不安や負担感を増長する要因にもなっていく。そのため、保育者や支援者が地域に出向いていく「**アウトリーチ型**」の子育て支援と保育所が地域の親子を迎え入れる「**受け入れ型**」の子育て支援の両方向からの事業を実施していくことが不可欠となってくる。すなわち、それぞれの家庭が育児を円滑に行っていくために、保育者が各家庭のニーズを把握しつつ、適切なアドバイスやサポートを行っていくことは重要かつ、欠かせない保育者の役割のひとつとなる。

キーワード

地域の子育て拠点　保育・幼児教育施設の特性　保育者の専門性　アウトリーチ

ブックガイド

佐藤純子編著（2017）『拡がる地域子育て支援』ぎょうせい▶子ども・子育て支援新制度の重要な柱のひとつである「地域子育て支援」について取り上げている。現在「一般型」と呼ばれる、従来の「ひろば型」や「センター型」の拠点事業の実践や「認定こども園」で実施されている子育て支援、まだわが国ではあまり一般化されていないユニークな子育て支援事業である「プレイセンター」について、具体的な取り組みを解説している。保育者として、地域の親子とどう向き合い、支援していけばよいのか事例を通じて学ぶことができる。

（佐藤　純子）

第11章 障害のある子ども及び その家庭に対する支援

本章のポイント

● 保護者が子どもの障害を受容する過程を理解する。

● 保育者の保護者支援の実際を理解する。

● 保育実践を通した子育て支援について理解する。

1　障害のある子どもの保護者が抱えている課題とその背景

　障害の有無を問わず、保護者が子どもを思う気持ちや子どもの発達を適切に読み取る必要性など、子育ての基本は変わらない。しかし、障害のある子どもの保護者が置かれている状況や抱えている問題、さらにその背景は、障害のない子どもの子育て支援と比べると若干違ってくる。本節では、障害のある子どもの保護者の状況などを考えていく。

(1) 保護者が置かれている状況

　保護者への効果的な支援は、支援する保育者が保護者の立場を理解することからはじまる。時として、支援の過程において保育者からの何気ない発言や態度から、思いもかけず保護者を傷つけてしまうことがある。このようなズレは、保育者が保護者の置かれている状況を適切に読み取れず、その結果生じてしまったことである。

　よくあるケースとして、子どもと日常的に接している保育者は、発達段階や発達過程を理解していることが多いため、見通しをもって支援にあたることができ、比較的余裕をもってかかわっている。一方保護者は、子どもの成長発達以外に保護者自身の問題や子どもの目先の発達課題など、多様なことが入り込みながら子どもの問題をとらえている。したがって、保育者が子どもの成長発達を支えることが、直接的には"保護者の支援"として結びつかないことがある。

　保護者は、自分の子どもが発達に何らかの課題をもっていたり、疑いがあったりする場合、はじめは自分自身が置かれている立場や状況を冷静に考えられなくなることが多い。保護者が子どもの障害を受容することは非常に難しく、ましてや短時間で整理することは不可能に近い。一方保育者は、「自分の子どものことなのだからちゃんと受け入れてほしい」「子どものために現実に目を向けてもらいたい」と思い、保護者の戸惑いや不安な気持ちに寄り添う視点が欠如してしまいがちになる。保育者は、むしろ戸惑いや不安な気持ちを含めて、今の保護者の姿として受け止めてもらいたい。

(2) 保護者は、日常的なかかわりから子どもの発達を理解していく

　保護者は毎日子どもとともに生活をしている。食事や睡眠、排泄など、保育者以上に密な関係性のもと、子どもの様々な情報を有している。そのため、いわゆる専門的知識よりも、子どもとのかかわりから得られたヒントや手応えが保護者を支えていることが多い。

事例　専門機関から自分の子どもが自閉スペクトラム障害と診断を受けたＡさんは、診断を受けた日から発達障害関連の書籍を読んだり、地域でやっている研修会に参加したりするなど、自分の子どもの障害を理解しようと努めていた。しかし、Ａさんの努力に反して、実際の生活において子どもの問題となる行動にそれらの知識が直接的に役に立つことは少なかった。

　ある日、保育者から「子どもが好きなことや得意なこと」「苦手な場面」など、障害ではなく子ども自身に焦点を当てて理解するようにするのはどうか、と提案された。

　すると、後日Ａさんが興奮気味に「先生、あんなに大変だったスーパーでの買い物が最後までちゃんとできたんです！　入る前に子どもと約束をして、最初に行きたいところに行くけど、その後は手をつないで買い物をしようねって話したらできたんです！」と保育者に伝えてきた。

　この事例からわかるように、保護者は日常生活のなかで子どもの発達をとらえる。したがって、障害のある子どもをもつ保護者を支えることは、「障害種別」「障害の定義と原因」など、「障害」を全面に押し出す理解の促しだけでは限界がある。日常のなかから獲得した支援のヒントを中心にして、「保護者としての手応え」を感じられるような支援のあり方が求められる。

(3) 専門機関との連携や社会資源の活用

1) 子どもの成長を共有する関係づくり

　子どもや保護者を支援していく上で、様々な医療・療育機関や相談機関を紹介することは欠かせない。保護者に対して専門機関や相談機関への訪問を勧めることは、そこで得られる助言等を保育や家庭へ還元させるためである。

　しかし、ここでのポイントは、外部機関を紹介することはあくまでも「スタート」であって決して「ゴール」ではない、ということである。保育者にとって大切なことは、保護者がつながっていった専門機関からの情報を保護者と園とが情報共有することで、障害のある子どものよき理解者を増やすことが目的だということである。このことを常に意識しておかないと、保育者は無意識に「障害については専門機関にお任せ」と一方的にすみ分けをしてしまう危険性があるので、気をつけたいものである。

2) 保護者を社会資源につなげる

　障害のある子どもの保護者や家庭の支援を所属機関のみで抱え込むには限界があり、子どもやその家庭と社会との適応の幅を偏らせる可能性がある。そこで、保護者を支えるソーシャルサポートを増やすという視点が出てくる。主なソーシャルサポートとして、「親の会」がある。「親の会」は、全国規模で組織・運営されているが、都道府県に支部もある。支部は、柔軟で地域性がある活動が行われている。活動には、定期的な情報交換から子どものための調理活動などまで幅広く企画・運営がなされている。

保育者は、障害のある子どもが生活している地域についてのソーシャルサポートにかかる情報を収集し、保護者や家庭にそれらの情報を提供していくことが、障害のある子どもがいる家庭がその地域で生活していくための一助となることを理解しておく必要がある。

2　事例：思うように関係がつくれなかった保護者

　幼稚園に入園してきたBくんは、入園当初から落ち着きがなく、常に走り回っていた。大きな声を出して、保育室から出ていく姿もあった。C先生は、少し驚いたが、これまで過ごしてきた家庭での経験が不足していることもあり、そのうちなくなるだろうと思って、特に気に留めていなかった。

　しかし、6月中旬になるとほかの子どもが園生活に慣れてきて、落ち着いていった。一方、Bくんはこれまでと変わらず落ち着きがない。また、おもちゃの貸し借りでのけんかが多く、友達を叩いたり、ひっかいたりする他害行為が多くなっていった。叩かれた子どもの保護者からの苦情も多くなってきたこともあり、C先生はBくんのそばから離れられなくなった。暴力的な行為にはBくんと一緒に話し合いながら振り返っているものの、C先生はまったく手応えを感じられない日が続いた。

　ある日、C先生はいつものようにBくんの母親にトラブルの報告をしていた。すると母親が「うちの子、ほかの子と何か違いますよね。けんかが多すぎというか。ほかの子はお話もちゃんとしているし。座って先生の話も聞いているし…。うちの子、どこかおかしいのでしょうか？」①とため息交じりに言った。これまで、Bくんの様子を伝えるときの母親は、Bくんの課題をわかっているのかいないのかわからず、つかみきれない様子だったため、正直C先生は驚いた。そのため、C先生は返答に困り、「おかしい、ですか……」と曖昧な返事をして会話が終わってしまった。

　C先生は、母親に安心してもらいたい気持ちから、このやり取りをすぐに職員会議にて報告して共有した。これまでのBくんの様子はすべての職員が共有していたこともあり、母親が困っている今だからこそ相談機関で相談した方がよいのでは、という話になった。

　さっそく、C先生はお迎えに来た母親に、「先日のお母さんの話ですが、職員でも話し合ってみました。わたしたちは障害の専門家ではないので、障害があるかないかはわかりません。やはり専門機関で受診して診てもらってはいかがでしょうか？」②と話した。すると、母親は驚いた表情で、「急にそんなこと言われても……」と返すだけだった。

　次の日、C先生は母親に「昨日の話ですが……」と話しかけたが、「急いでいるので」と顔も見ずに帰っていった。なぜかその日から、母親はC先生を避けるようになった③。

　Bくんの幼稚園では、夏休み前に全員の保護者に対して個別面談をする。C先生はBくんの話がずっとできていなかったため、面談でその話題を出した。すると母親から強い口調で、「主人に相談すると『男の子はみんなそんなもんだ』と言われました。主人の母親にも聞きましたが同じような答えが返ってきました。今はわたしもそう思っています。もう少しで、自分の子どもを障害児扱いにするところでした。この子の良いところはわたしが誰よりもわかっているつもりです。子どものことを職員全員でそのよう

な目で見ていたのかと思うと腹立たしい気持ちでいっぱいです！」と一方的に感情をぶつけられた。予想していない話だったため、C先生は黙ってしまった。

ワーク11-1 🔊

①当初、Bくんの母親はどのような気持ちで保育者からトラブルの様子を聞いていたと思いますか？　Bくんの母親になって考えてみましょう。〔5分〕

②Bくんの母親は、なぜ下線①のような悩みをC先生に相談したのでしょうか？　またどのような気持ちからC先生に相談したと思いますか？　様々な角度から、母親の気持ちを可能な限り多くあげてみましょう。〔10分〕

③相談を受けたC先生は、職員全員で母親の悩みを共有し、下線部②のように母親に話しかけました。その後の文章に続くように、母親にとっては困惑する内容だったようです。では、あなたなら、母親が困惑しないように、どのような言葉をかけますか？　下線部②を参考に考えてみましょう。〔10分〕

④下線部③の通り、C先生はなぜ急に避けられたのでしょうか？　考えられることを1つでも多くあげてみましょう。〔10分〕

⑤C先生は、Bくんの母親から相談を受けた後、思うような関係をつくることができませんでした。では、相談を受けた際、C先生はどうすればよかったのでしょうか？　対応や具体的な言葉かけについて考えてみましょう。〔20分〕

⑥この事例から学んだことをまとめましょう。〔20分〕

3　事例の解説と考察

　入園後、Bくんの母親は度重なるBくんのけんかや言葉の発達の遅れなどから、確信はもてないものの、「何となくほかの子と違う」ことを感じている。母親は、日々接しているわが子が他児と同じことができないことに困惑し、C先生から伝えられるトラブルをどう受け止めてよいのかわからなかったと推察できる。

　しかし、ここでポイントなのは、仮に母親がC先生に相談をしたとしても、母親としては相談内容は"子育てにおける心配ごと"という位置づけであって、一刻を争う深刻な問題としてとらえていないと考えられることである。したがって、この場合、C先生は母親の相談内容を、日常的な子育ての悩みの延長線上としてとらえるべきであって、安易にBくんの行動を障害に結びつけない配慮が必要であった。あわせて、母親から「おかしい」という言葉が発せられたが、このようなわが子を否定するような言葉を自ら発したとしても、それを先生に否定してもらいたいと思う親は少なくない。つまり、この母親の本心には、C先生から「（Bくんは）おかしくない」と言ってもらいたい気持ちが隠れていることが推察できるのである。

　次に、C先生は母親の心配する気持ちを受けて、適切かつ迅速に対応するために、この状況を職員全員で共有した。この目的は非常に大切ではある。おそらくは、すみやかに母親が困っていることを解消し、一刻も早く安心してもらいたい気持ちからきた行動である。

　しかし、**保護者支援**の基本的姿勢は"個別性"である。つまり、母親は「C先生だから」心配事を吐露したのであって、他の保育者であれば吐露しなかったかもしれない。仮に共有する前に母親に一言、「このことを他の保育者と共有しますね」と伝えておけば、事態は変わっていたかもしれない。

　Bくんの母親だけでなくどの親であっても、自分の子どもの姿と障害とを結びつけることは困難なことである。この意味で、障害という言葉をC先生が先に出すべきではない。つまり、本事例では「Bくんの姿→障害」という縮図は、かなり飛躍したとらえ方であったといえる。仮に、母親の方から障害という言葉を出しても、C先生はその表現以外の言葉を選ぶべきである。また、最初に相談した際に、母親がBくんの行動に対処しているため疲れている状況だったのであれば、改まった"相談"というよりも"ただの愚痴"だったかもしれない。もしかしたら、母親の視点に立ってみると、お願いもしていないのにその愚痴が教員全員にまで知られ、結果障害児扱いされてしまった、とショックを受けたのかもしれない。

　このようなプロセスから、母親はC先生に対して不信感や不快感を募らせていき、コミュニケーションを拒否する姿に変化したと考えられる。

　Bくんの母親だけではなく、発達に何らかの課題があると考えられる子どもの保護者へのアプローチは、時間をかけて慎重にすすめていく必要がある。近年、保育中にBくんのような姿をみせる子どもが増えてきていることを考えると、決して先を急がず、子どもとその保護者の双方を支援する場や時間を丁寧に設けていく必要があるといえる。

4　保護者が子どもの障害を受容すること

（1）障害の受容過程には多様性がある

　保育者のように障害のある子どもの保護者を支援する立場にある人のなかに、「保護者は、最初は子どもに障害があるという事実から混乱はするものの、その時期を過ぎれば必ず落ち着いていくので、支援者と協力しながら前向きに子どもと向き合っていく必要がある。親なのだからそうあるべきだ」と考える人がいる。しかし、保護者の多くは、子どもの障害を受け止められず、悲しんだり、落ち込んだりする。これは当然の心の作用であるが、一度つらい時期を乗り越えれば終わり、という単純なものではない。子どもの成長過程には様々な出来事があり、それに連動して気持ちの浮き沈みがある。また、障害のある子どもを出産した自分を必要以上に責めたり、将来へ不安を抱いたり、きょうだいがいる場合は、きょうだいとの関係をどうするかなど実に様々な思いを抱えている。このように、障害のある子どもの保護者を支援する立場の者は、保護者の生活や性格、置かれている状況など、総合的な情報を集めて支援することを心がける必要がある。

（2）障害受容に影響を与える要因

　保護者が障害を受容する際に影響を与える要因は、①保護者の状況、②子どもの状況、③人的環境の状況、の３つに大別される。図表11-1を見てもらいたい。障害を受容するには、実に様々な要因が影響を与えていることがわかる。

　保育者は、保護者の状況を職員全員で情報収集して、子どもと保護者双方の支援を具体的に考えていく必要がある。図表11-1が示すように、収集する情報は多様で、また偏った見方を避けるためにも、決して一人で情報を得ようとせず、保育者同士がチームとなることが大切である。

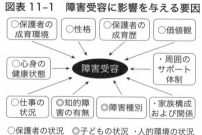

図表11-1　障害受容に影響を与える要因

○保護者の成育環境　○性格　○保護者の成育歴　○価値観　○心身の健康状態　障害受容　・周囲のサポート体制　○仕事の状況　○知的障害の有無　○障害種別　・家族構成および関係

○保護者の状況　◎子どもの状況　・人的環境の状況

（3）障害受容の過程

　保護者が自分の子どもの障害を受容するまでの過程は、長い時間を必要とする。仮に、出生後間もなく障害の確定診断を受けた場合であっても同様である。

　ここでは、主に障害のある子どもの保護者がたどる障害受容の過程について、従来から示されてきた「段階説モデル」と「らせん形モデル」の２つを示す。

1）段階説モデル

　段階説モデルとは、障害の告知を受けた後の保護者の情緒的な変化を、時間の経過とともにいくつかの段階に分けてとらえる考え方である。

　「Ⅰ　ショック」（「何も考えられない……」「頭の中が真っ白」「言葉が出ない」）→「Ⅱ　否認」（「そんなはずはない、何かの間違いだ」「嘘だ！」）→「Ⅲ　悲しみと怒り」（悲しみ：「よりによってわが

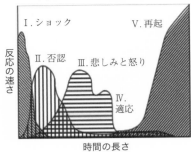

図表 11-2　段階説モデル

縦軸：反応の速さ

Ⅰ．ショック　　　Ⅴ．再起

Ⅱ．否認　　Ⅲ．悲しみと怒り

Ⅳ．適応

横軸：時間の長さ

（出典）Drotar et al.（1975）

子に障害があるなんて……」、怒り：「なぜこんな目にあわなければならないのか！」「なぜわたしだけが！」）→「Ⅳ　適応」（「障害があってもなくても自分の子どもであることは間違いない」）→「Ⅴ　再起」（「この子らしく生きていってもらいたい」「親としてできることを最大限してあげよう」）という５段階に分けられ、障害告知後のショック状態から再適応へと向かう段階的な障害受容の過程ととらえている（図表 11-2）。

　段階説モデルは否認をひとつのポイントとしてとらえているが、近年では、否認の段階には前半・後半で質的に異なる２つの局面があるとする考えが出てきている（玉井，2018）。否認の時期の保護者は、医者をはじめとする専門機関や専門家を渡り歩いて相談をする。その際、保護者が専門機関や専門家に求めている"こたえ"がある。それは、前半であると「ほかの子どもと違わない」、後半であると「（障害は）治る」という"こたえ"である。つまり、障害を否認しているため、最初は医者をはじめとする専門家から自分の子どもと他児を比べて「違う」ということを言われたくない。しかし、誰も容易には「こたえ＝ほかの子どもと違わない」を言ってくれないため、少しずつ「違う」ことを受け入れていく。そして、「違う」ことは認めつつも、今度は「治ります」と言ってくれる専門家を探す、というように、求めている"こたえ"が徐々にシフトしていくのである。

2）らせん形モデル

　らせん形モデルは、段階説モデルのような順序だった適応ではなく、適応と不適応をくり返し経験しながら障害を受け入れていくとする考え方である。紆余曲折を経て、支援者からは全体を見ることができないらせん状に進む適応過程である（中田，1995）。

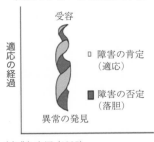

図表 11-3　らせん形モデル

縦軸：適応の経過

受容

□ 障害の肯定（適応）
■ 障害の否定（落胆）

異常の発見

（出典）中田（1995）

　図表 11-3 からわかる通り、障害を否定する気持ちは常に表われているわけではなく、時々再起するか、周期的に再燃する。また、本人や家族のライフサイクルでその時々に生じた出来事（就学、就職、結婚等）がきっかけで、否定する気持ちが再燃することもある。そして、障害を肯定する気持ちと否定する気持ちの葛藤をくり返しながら、「子どもに障害があるという事実」と向き合っていくようになる。

5　客観的に保護者を見守る保育者になるために

(1)"子どものため"という言葉

　保育者は、時として子どもへの想いを強くもち過ぎるがあまり、保護者が子どもの姿を思うように受け入れない焦りから、保護者に対して「子どもから逃げている」「子どもの成長を妨げている」といった怒りにも似た感情を抱くことがある。保育者のこのような感情の根底にあ

るのは、"子どものため"という職責かもしれない。この"子どものため"という言葉は、誰がどの角度から見ても疑いようがない、正論を表した言葉である。

　しかし、保育者がかざすこの言葉は、場合によっては保護者を追い詰めることになる。正論ゆえに保護者は逃げることができないからである。あわせて、"子どものため"という想いには、容易に感情的になりかねない言葉の強さがある。

　保育者は、この"子どものため"という想いを意識的に排除しなければ、保護者の実態に迫り切れず、真の保護者支援ができない。決して感情的にならず、揺れ動く保護者の気持ちを理解しながら、丁寧に支援していく必要がある。

(2) 子どもの様子について障害名や容易に障害をイメージする言葉を使わないで説明できるように

　これまで述べてきたように、仮に子どもに障害があっても、多くの保護者はスムーズに受け入れられない。保護者は、障害名やそれに付随する単語に対して抵抗を感じるものである。つまり、保護者は、保育者から発せられる言葉に対して非常に敏感に反応しやすい。したがって、保育者は言葉を選びながら、丁寧に言葉を紡いでいく必要がある。

　たとえば、保育者が、子どもが遊んでいる際に落ち着きがない状態を"多動"と表現するとする。"多動"は子どもの普段の様子を示す的確な言葉であるが、敏感になっている保護者にとっては注意欠如・多動症（ADHD）を連想してしまう。保育者は単に客観的な描写として"多動"と表現しただけであっても、この言葉を聞いた保護者にとっては保育者から「注意欠如・多動症（ADHD）です」と言われるぐらいの衝撃といえる。この場合は、「色々なことに興味・関心が向くので、ひとつの遊びを続けるのが難しいようです」といったように、遊んでいる子どもの姿が自然とイメージできるような表現で伝えるとよい。

　これらの表現は、保育中の子どもの様子を日常的に、かつ身近でみている保育者だからこそ伝えられる言葉だと考えられる。保育者は、できるだけ具体的で保護者がイメージできるような言葉を選び、安易に障害名や診断基準にあるような言葉を使わず、子どもの様子を伝えることが求められる。

(3) 専門機関とつながっているケース

　子どもが専門機関から支援を受けている場合は、保護者の了解を得た上で、専門機関と連携して子どもへの対応を検討する必要がある。子どもが医療的ケア児（人工呼吸器を装着している障害児など、日常生活を送る上で医療を必要としている子ども）であれば、活動の制限や服薬の状況について、必要な情報を得てミスがない対応が求められる。療育を受けている場合、療育センター等での目標や支援内容を伝えてもらうと保育実践の参考になる。何より、同一の支援であれば子どもが混乱しないというメリットがある。

　さらに、保護者にとって子どもの障害と向き合いながら生活を続けていくことは想像以上につらいものである。もしかしたら、後ろ向きな気持ちをもつ時期があるかもしれない。そうし

たときに、保護者に対して「まだ障害を受容できない」といった批判や「お母さん（お父さん）がしっかりしないと」といった激励では、保護者を追い詰めるだけである。保育者が保護者の後ろ向きな気持ちすらも受け止めていく姿勢が、保護者にとって気持ちを支える原動力にもなる。

■ **キーワード**

障害受容　ソーシャルサポート　保護者支援　段階説モデル　らせん形モデル

■ **ブックガイド**

玉井邦夫（2018）『エピソードで学ぶ 子どもの発達と保護者支援──発達障害・家族システム・障害受容から考える』明石書店▶発達障害や虐待といった、子どもと家族を取り巻く様々な要因のなかで、子育てに関する課題意識を保護者と共有し上手に役割分担していくためのヒントが数多く書かれている。なぜ、保育現場における保護者支援が必要なのか、といった基本的なことから、保護者にとってわかりづらい「発達障害」を受け入れていくための支援についてまで、幅広くカバーしている。

中田洋二郎（2018）『発達障害のある子と家族の支援』学研プラス▶発達障害のある子どもの保護者が障害を受容し、子どもと保護者が人生を前向きに過ごしていくためのヒントが数多く載っている。保護者を取り巻く支援者に求められる知識や具体的なサポート方法が、エピソードとともに紹介されている。

（守　巧）

特別な配慮を要する子ども及び 家庭に対する支援

本章のポイント

● 特別な配慮を要する家庭の生活の状況とその背景を理解する。

● 支援として活用できる制度や社会資源について理解する。

● 特別な配慮を要する子どもや家庭への支援としてふさわしい対応を考える。

1　特別な配慮を要する子どもや家庭

　特別な配慮を要する子どもや家庭という言葉を耳にするとき、皆さんはどのような子どもや家庭をイメージするだろうか。

　保育所保育指針の第4章「子育て支援」では、(2) 保護者の状況に配慮した個別の支援があげられており、その内容は以下の通りである。

> ア．保護者の就労と子育ての両立等を支援するため、保護者の多様化した保育の需要に応じ、病児保育事業など多様な事業を実施する場合には、**保護者の状況に配慮するとともに、子どもの福祉が尊重されるよう努め、子どもの生活の連続性を考慮する**こと。
> イ．子どもに障害や発達上の課題が見られる場合には、市町村や関係機関と連携及び協力を図りつつ、保護者に対する**個別の支援**を行うよう努めること。
> ウ．**外国籍家庭など、特別な配慮を必要とする家庭の場合には、状況等に応じて個別の支援を行うよう努める**こと。

　つまり、以下のような内容が個別に配慮を要する家庭に対して、保育所だけで支援が可能なわけではなく、地域にある**社会資源**(*1)を活用することが大切となる。

　個別の配慮を要する家庭と社会資源の関連として、主に次の5つのケースが考えられる。

　①保護者の仕事と子育ての両立等を支援する際に休日保育、病児保育等の多様な事業を実施すること、②子どもに発達上の課題があると考えられる場合、医師や児童発達支援センター等との連携をすること、③外国籍家庭やひとり親家庭、貧困家庭等、複合的な課題を抱える家庭には、子どもと保護者が住む市区町村の担当課や各種関係機関と**連携**すること、④保護者の育児不安については、保護者自身の心の悩みや疾病が考えられるため、医療機関等の活用も視野に入れること、⑤子どもに対する不適切なかかわりがあり、虐待につながる可能性が高く、市区町村や福祉事務所、児童相談所への情報提供を行い、場合によっては通告義務があることなどである。

　上記の視点に基づき、以下、本章から第15章にかけて、特別な配慮を要する子どもや家庭

の支援について述べていく。まず本章では、ひとり親家庭が陥りやすい経済的困難、保護者の疾病などで必要となる、特別な配慮を要する子どもや家庭の支援について考えていく。第13章では子どもの虐待、第14章では要保護児童等の家庭についてふれる。第15章では多様な支援ニーズを抱える子育て家庭について、主に外国にルーツをもつ家庭への支援を中心に述べる。

2　ひとり親家庭の現状

　ひとり親家庭は、現在、母子世帯、父子世帯ともに年々増加の一歩を辿っている。

　厚生労働省による「平成28年度全国ひとり親世帯等調査」によると、母子世帯が約123万世帯、父子世帯が約19万世帯となっている。ちなみに、この調査では、親と同居する世帯も含まれており、ひとり親世帯といっても様々なかたちがある。

　ひとり親となった理由も死別と離別があるが、現在は離別が大多数を占める。離別等によりひとり親になったときの親の状況としては、母子世帯になったときの母親の年齢が平均33.8歳、父子世帯になったときの父親の年齢は平均39.3歳である。子どものうち末子の平均年齢は、母子世帯で4.4歳、父子世帯で6.5歳となっている。また、0～2歳の子どもをもつ割合は、母子世帯で38.4%、父子世帯で21.0%である。父母の就労のため保育を要する子どもたちは保育所の利用が多くなるため、保育施設の優先利用などがある。

3　ひとり親家庭の生活

　保護者の就業状況や収入は、家庭生活の安定や子どもの育ちにも大きく影響を与えることとなる。子どもの7人に1人が**相対的貧困**[*2]の状況のなかで、特にひとり親家庭の貧困率は、先進国のなかでも平均を上回っている状況がある。ひとり親家庭の生活の基盤を揺るがす雇用の不安定さは、経済的困難につながっていく。たとえば母子家庭であれば、児童扶養手当等の経済的支援はあるものの、「パート・アルバイト等」で就労している母親が多く、離婚を契機として、低収入かつ不安定な雇用形態で働かざるを得ない状況になっている。父子家庭の場合、母子家庭よりも「正規職員」が多く、平均収入は母子家庭より高いものの、全世帯と比較すると経済的・時間的余裕がもてない状況があり、ひとりで子どもを育てていく上で、仕事と育児の両立は保護者にとって大きな負担であると考えられる。

ミニワーク 12-1 💬 活用可能な社会資源を知る

自分が住む地域でひとり親家庭が利用できる制度やサービスについて調べてみましょう。

事例を通して、ひとり親家庭で育つ子どもと家庭への支援について考えてみよう。

(1) 場面Ⅰ：問題の発見

　Aちゃん（4歳）の母親は、半年前に離婚をし、Aちゃんを保育所に預けながらスーパーに勤務している。Aちゃんの担任である保育士のBさんは、Aちゃんの母親が最近疲れている様子が気になっていた。顔色も悪い様子がうかがえた。BさんはAちゃんの母親の様子が気になりつつも、いつも忙しそうにお迎えに来て帰っていくため、なかなか声をかけられずにいた。

　Aちゃんも最近元気がなく、いつも眠そうな顔で登園し、保育中もだるそうにしており、室内で遊んでいることが多くなった。

　ある日、「私の体調が悪いので保育園を休みます」との連絡が保育所に入った。同様の連絡が2日続いた後、いつもの登園時間から1時間過ぎた頃、Aちゃんが母親と登園してきた。母親は「まだ体調がすぐれないため、今日は午後から勤務先に行くことにした。最近眠れない。しんどい」と話していた。近くにいた主任保育士は、担任保育士と母親の会話を耳にした。

ワーク 12-1 ✎

① 2日ぶりに保育所に子どもを送ってきたAちゃんの母親にどのように声をかけますか。3人1組になって母親役と保育士役、観察者を決め、ロールプレイしてみましょう。〔10分〕

② 母親役や保育士役のロールプレイをしてみて感じたこと、2人のやり取りを見て感じたことを語り合ってみましょう。〔15分〕

　ワークシート　ロールプレイを振り返って
　　1回目　（母親役・保育者役・観察者役）
　　2回目　（母親役・保育者役・観察者役）
　　3回目　（母親役・保育者役・観察者役）
● 母親役・保育士役を演じてみて感じたこと

母親役	保育士役

●母親と保育士のやり取りを見て感じたこと（観察役）

(2) 場面2：インテークからアセスメントへ

　急遽、主任保育士は母親と少しの間、別室で話をすることを提案し、母親は了承した。主任保育士は保育園を2日ほどお休みしている間、母親の体調を心配していたこと、その前から疲れている表情やAちゃんの体調が気になっていたことを伝えた。

　すると、Aちゃんの母親は、専業主婦だったため、離婚後初めて仕事を経験したこと、遠方に住む両親の反対を振り切って結婚をしたため、両親とは連絡をとっていないこと、ひとりっ子のため、頼るきょうだいもいないこと、経済的に苦しいため、スーパーでのパート以外でも、近所に住む友人に子どもを預けて週3日ほど夜間に短時間のアルバイトをしていることなどを話しはじめた。

「パートとアルバイトの掛けもちはつらく、体力的にも限界。仕事を終えて家に帰るとクタクタなので、何もやる気が起きない。食事も簡単に済ませている。最近娘とゆっくり話す時間がなく、わがままを娘に言われるとついイライラしてしまう。わたし、母親失格ですよね」と話していた。別れた夫には多額の借金があるため、養育費はもらっていないとのことであった。

ワーク12-2 🔖

①Aちゃんと母親の生活で気になることについて考えてみましょう。〔5分〕

②現在、母親が生活で困っていることは何か、考えてみましょう。〔5分〕

ワーク12-3 🔖

①グループで活用可能だと思われる社会資源（フォーマル／インフォーマル）をあげてみましょう。〔10分〕

②Ａちゃん家族のエコマップを作成してみ
ましょう（⇒第7章p.39）。〔10分〕

③保育所内でＡちゃんや母親への対応とし
て大切にしなければならないことについて
グループで話し合いましょう。〔10分〕

5　事例の解説と考察

(1) 場面1について

　Ａちゃん親子は離婚により生活環境が大きく変化した。ひとり親となり、初めて仕事をし、仕事と育児を両立させていくことは母親に大きな負担がある。離婚するまでにも心に大きなダメージを受けていることも考えられる。今後の生活への不安を抱えながら頼る相手も少なく、問題をひとりで抱え込みやすい状況となる可能性もある。

　いつも忙しそうにしている母親に対して、声がかけづらい状況も考えられるが、保育士は、送迎時の保護者の様子や日々の保育のなかで見せる子どもの状況から何らかの気付きがあるはずである。

　母親自身も周囲の人に相談をしにくい状況であれば、自ら保育士に相談をすることは保護者にとって勇気のいることであると考えられる。保護者は、時間・気持ちの余裕のなさから自らSOSを発信しなかったり、これまでの経験からSOS発信することをあきらめてしまったりする場合がある。これまで相談したことがあったとしても、相手が発した何気ない一言に怒りを感じたり傷ついたりする経験があれば人は相談することをあきらめ、自分で問題を抱え込み、さらに問題を複雑化させていく可能性もある。

　そのため、子どもや保護者との日々のかかわりのなかで子どもや保護者の悩みやニーズに対して心のアンテナを張り、送迎の際のコミュニケーションが大切になる。保護者の思いに気付き、子どもの成長をともに喜びつつ、仕事と子育てを両立する上でのつらさ、しんどい気持ちに寄り添えるような関係を日頃から築けるようにしたいものである。

(2) 場面2について

① 面談から保護者のSOSに気づく

　保育士として、子どもや保護者の様子を見ていて気になることは何だろうか。この事例の場合、母親は生活で困っていることは何だろうか。また、母親の生活が子どもの健やかな育ちにどのような影響をおよぼす可能性があるだろうか。

主任保育士は、タイミングをみて、母親と別室で話をすることを提案した。仕事に向かうまで少しの時間があること、母親の表情から話をじっくり聴く必要があると判断したからである。個別の配慮を要する家庭への支援の場合、相談内容を考えれば、プライバシーが守られる空間があることで、安心して今困っていることを話すことができる。

　経済的な困難は周りから見えにくい。ひとりで頑張り過ぎ、ストレスをためることで子どもへの不適切なかかわりにつながったり、保護者自身の疾病につながったりする可能性もある。そのため、保護者から発せられるSOSを受け止められる保育者でいたいものである。一生懸命育てたい、よい親になりたいと思いながら、生活の困難にしんどさを感じ、そうなれない自分に対して自己嫌悪に陥っていることなど、母親の心情を汲み取りながら話を聴く必要がある。

　この事例の場合、近所に住む母親の友人が地域のなかでの唯一の応援者である。友人といった私的な関係だけではなく、保育士に相談することによって、子どもと母親の周りに多くの応援者がいることを実感できれば、母親の肩の荷を下ろし、精神的に楽になり、課題解決に向けて前向きに取り組んでいくことも可能となるかもしれない。

　子どもの育ちに身近に寄り添ってくれる保育者が、保護者に対しても親身になって話を聴いてくれる、前向きに取り組む力を引き出してくれることを感じる経験は、その後も誰かに頼る、SOSを出すことにつながり、問題解決に取り組むために必要な母親の力となるであろう。

② アセスメントから支援内容を検討する

　保育所における子育て支援は、子どもがいる生活の支援でもある。子どもを育てる家庭が地域のなかでどのように暮らしていくのか、その理解がなければ子どもや家庭の抱える困難は見えにくくなる可能性もある。場面2では、母親との面談によって、子どもと母親の生活上の困難が見えてきた。

　支援が必要な家庭の現状を把握し、援助計画を作成するツールとしてジェノグラムやエコマップがある。子どもとその家族と社会資源との関係性を視覚的にわかりやすくするエコマップは、援助計画を作成する上のアセスメントを行うためのツールでもある。エコマップを使って子どもと母親を取り巻く環境を整理することで、これまで何とか生活を成り立たせていた状況が見え、さらにどのような社会資源を活用すれば子どもと母親がよりよい生活を送ることができるのかを考えることが可能となる。

　特別な配慮を要する子どもや家庭の支援については、これまで述べてきたように、生活する上で抱える問題はひとつではなく、経済的要因から来る仕事と育児の両立の困難など複数の要因が絡み合っている。だからこそ、制度やサービスを上手く活用しながら、ひとりで抱え込み過ぎずに子育てをしていく必要がある。ひとり親家庭を支援するために色々な制度があるものの、意外に知られておらず、利用されていないものもある。

　そのため、まずは保育者自身が制度を「知る」ことが求められる。日々保護者に接する機会のある保育者は、自分の勤務する地域にある支援情報を把握しておくこと、そして保育所内で支援内容を検討しながら、制度やサービスが活用できるようつないでいきたいものである。

③ 社会資源につなぐ

　また、母親の生活上の困難がAちゃんの体調に影響をおよぼしていることを考えると、保育所内でのAちゃんの情報共有や担任保育士を中心とした対応の検討も必要となる。**ファミリーサポートセンター**(＊3)やショートステイ、トワイライトステイは、ひとり親のみならず子育て家庭で利用可能なサービスであるが、この事例の場合にも活用しながら、母親の心理的・身体的負担を軽減することが可能となるであろう。

　ひとり親家庭を対象とするものであれば、**ひとり親家庭日常生活支援事業**(＊4)を活用し、家事の代行を依頼することもできる。現在の働き方を改善するために、市区町村の担当課からハローワークと連携して、資格取得に向けた職業訓練や転職の相談に乗ってもらうこともできる。

　また子ども食堂を利用して夕食をとり、夕食の準備にかける時間を子どもとかかわる時間に替えることも可能である。ともに食事をとりながら、地域の人々との交流もできる。母親の身体面の問題があるとすれば、仕事のかけもちをして心身ともに疲れている状態を長引かさないように、**ひとり親家庭医療費助成制度**を利用して医療機関を受診すること(＊5)や、**子育て支援課**(＊6)のような市区町村への相談窓口の紹介も必要となるかもしれない。

　保育所も社会資源のひとつであるため、母親と関係を築きながら、保育所全体で親子の個別のニーズに対応し、市区町村の担当課や関係機関との情報の共有や連携も必要になる場合もある。保育所では、個別の配慮を要する子どもや家庭に対してすべての対応ができるわけではない。保育所でできること、できないことを母親に説明しつつ、地域にある社会資源を整理し、母親に情報提供するのも保育士の対応として求められるのである。

　子どもはいずれ保育所を卒園し、親子の生活は地域のなかで続いていく。子どもと親がともに心地よい関係を築き、子どもの健やかな育ちを保障するためには、子どもとその家族を支える地域の協力なくしては成り立たない。そのため、在園中から少しずつ他の家族との交流も含め、親同士の関係構築にも力を入れていくことも必要となるだろう。

(3) 配慮を必要とする子どもや家庭への支援のポイント

　近年のライフスタイルの変化に伴い、近所付き合いが希薄化した現代において、児童虐待は今や社会問題にまで発展している。子育てに対して不安や悩みを抱えていても近隣に頼れる人や相談する人が少ないなど、親の孤立化をはじめ、育児力の低下や生活の困窮など様々な問題が原因として考えられる。

　特別な配慮を要する子どもや家庭への支援を考える際には、以下の4点がポイントとなる。①状況の把握、客観的な記録、②保育所内での情報の共有、方針の確認、③適切な情報を提供、活用可能な社会資源を提案する、④他機関との連携（他機関へ情報を伝える際には原則保護者の了解を得る）、である。

　配慮を必要とする家庭への支援としては、生活上の困難を解決するためにその家庭のニーズに合わせた社会資源の活用し、また人間関係の調整を行っていくことが特徴のひとつである。

　ひとりで悩んでいる母親や子どもは、人にその悩みを話すことで気持ちが整理され、楽な気

持ちになることがある。また、保育者はその話を聴くことで母親や子どもが悩んでいることが明確になり、保育所以外で相談できる場や活用できる制度やサービスを知ることができる。その相談により、悩んだり苦しんだりしている親子や家族が専門機関とつながるきっかけになるのである。

　保育所に通う子どもたちの貧困や虐待の可能性に気付いたとき、保育所全体でまず情報を共有し、子どもやその家庭にどのようにかかわっていくのかについて今後の方針を検討することが大切である。そして園長や主任同席のもと、保護者と面談をして対応策を協議していくことが、個別のニーズに応じたきめ細やかな対応につながるのである。

■ キーワード

社会資源　連携　ひとり親家庭　生活課題

■ 用語解説

* 1〔社会資源〕　生活課題の解決や、よりよい生活を送るために動員される物的・人的資源や社会サービス、資金や法律、制度、情報などの総称。社会資源の種類としては、大きく分けると「フォーマルな社会資源」と「インフォーマルな社会資源」がある。ニーズを満たすことができない場合は、社会資源をつくり出すことも時には必要となる。子どもや家庭を中心として、フォーマル・インフォーマルな社会資源を活用し、ネットワークをつくって支援をしていくことで、その家庭が地域から孤立することなく暮らすことができるのである。
* 2〔相対的貧困〕　貧困には、大きく分けると「絶対的貧困」と「相対的貧困」がある。国際比較や子どもの貧困については、相対的貧困という視点が用いられる。相対的貧困は見えづらい貧困ともいわれ、生活上の困難さが見えにくい側面がある。
* 3〔ファミリーサポートセンター〕　ひとり親家庭に限らずすべての子育て家庭が対象となる。提供会員と利用会員がおり、提供会員宅で子どもをみてもらったり、迎えを依頼することも可能である。自治体によっては利用料を減免しているところもある。
* 4〔ひとり親家庭日常生活支援事業〕　修学や疾病などにより家事の援助や保育等のサービスが必要になった際、家庭支援員の派遣等を行う。収入の状況によっては利用料が無料となる場合もある。
* 5〔ひとり親家庭医療費助成制度〕　ひとり親と子どもの医療費の一部を支援する制度である。自治体によって所得制限も様々で、無料で受診可能なところもある。
* 6〔子育て支援課〕　ひとり親家庭の相談を受けつける場として、市区町村の担当課がある。離婚前でも相談を受けつけてくれるところも多い。

■ ブックガイド

下野新聞子どもの希望取材班（2015）『貧困の中の子ども——希望って何ですか？』ポプラ新書 ▶貧困をテーマとして新聞に連載された記事をまとめたもの。貧困のなかで育つ子どもたち、困難を感じている保護者の思いと支援者の取り組みについてわかりやすく書かれている。

秋田喜代美・小西祐馬・菅原ますみ編著（2016）『「貧困と保育」社会と福祉につなぎ、希望をつむぐ』かもがわ出版 ▶貧困と保育に特化し、事例を通して、子どもの育ちを保障するための保育者としての思いがわかりやすく書かれている本。子どもや保護者に対する保育者の優しいまなざしが伝わってくる。

（石本　真紀）

第**13**章　子ども虐待の予防と対応

本章のポイント

● 子ども虐待の定義と発生要因について理解する。

● 子ども虐待の関係機関について理解する。

● 事例を通して、子ども虐待の予防と対応について学ぶ。

1　子ども虐待について

　子どもへの虐待は、密室で行われる暴力行為であり、子どもが抱く恐怖心はその後の発達や成長、人格の形成に重大な影響を与えてしまう。かつ、子どもへの最も重大な権利侵害である。

　図表 13-1 は、児童相談所への「児童虐待相談件数とその推移」であり、2018（平成 30）年度にはこれまでで最多の 15 万 9850 件（速報値）となり、子ども虐待は社会問題となっている。

図表 13-1　児童相談所における児童虐待相談件数とその推移

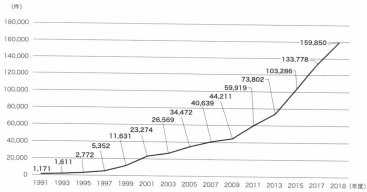

（注）相談対応件数とは、各年度中に児童相談所が相談を受け、援助方針会議の結果により指導や措置を行った件数。2018 年度の件数は、速報値のため今後変更があり得る。

（出典）厚生労働省（2018）「平成 30 年度 児童相談所での児童虐待相談対応件数〈速報値〉」および『読売新聞』（2019 年 8 月 1 日掲載分）より筆者作成

（1）子ども虐待の定義

　子ども虐待については、「児童虐待の防止等に関する法律（以下、児童虐待防止法）」第 2 条において以下のように定義されている。

> 1 児童の身体に外傷が生じ、又は生じるおそれのある暴行を加えること。

> 2 児童にわいせつな行為をすること又は児童をしてわいせつな行為をさせること。
>
> 3 児童の心身の正常な発達を妨げるような著しい減食又は長時間の放置、保護者以外の同居人による虐待行為と同様の行為の放置その他の保護者としての監護を著しく怠ること。
>
> 4 児童に対する著しい暴言又は著しく拒絶的な対応、児童が同居する家庭における配偶者に対する暴力、その他の児童に著しい心理的外傷を与える言動を行うこと。

上記の1〜4を具体的に例示すると、以下のものが該当する。

1) 身体的虐待

・打撲傷、あざ（内出血）、骨折、頭蓋内出血などの頭部外傷、内臓損傷、刺傷、たばこなどによる火傷の外傷を生じるような行為。

・首を絞める、殴る、蹴る、叩く、投げ落とす、激しく揺さぶる、熱湯をかける、布団蒸しにする、溺れさせる、逆さ吊りにする、異物を飲ませる、食事を与えない、戸外にしめだす、縄などにより一室に拘束するなどの行為。

・意図的に子どもを病気にさせる、など。

2) 性的虐待

・子どもへの性交、性的行為（教唆を含む）。

・子どもの性器を触る又は子どもに性器を触らせるなどの性的行為（教唆を含む）。

・子どもに性器や性交を見せる。

・子どもをポルノグラフィーの被写体などにする、など。

3) ネグレクト

・子どもの健康・安全への配慮を怠っているなど。たとえば、重大な病気になっても病院に連れて行かない、乳幼児を家に残したまま外出する、などが含まれる。なお、親がパチンコに熱中したり、買い物をしたりするなどの間、乳幼児等の低年齢の子どもを自動車の中に放置し、熱中症で子どもが死亡したり、誘拐されたり、乳幼児等の低年齢の子どもだけを家に残したために火災で焼死したりする事件も、ネグレクトという虐待の結果であることに留意するべきである。

・子どもの意思に反して学校等に登校させない。子どもが学校等に登校するように促すなどの子どもに教育を保障する努力をしない。

・子どもにとって必要な情緒的欲求に応えていない（愛情遮断など）。

・食事、衣服、住居などが極端に不適切で、健康状態を損なうほどの無関心・怠慢、など。たとえば、適切な食事を与えない、下着など長期間ひどく不潔なままにする、極端に不潔な環境の中で生活をさせる、など。

・子どもを遺棄したり、置き去りにする。

・祖父母、きょうだい、保護者の恋人などの同居人や自宅に出入りする第三者が1、2又は4に掲げる行為を行っているにもかかわらず、それを放置する、など。

4) 心理的虐待

・ことばによる脅かし、脅迫など。

・子どもを無視したり、拒否的な態度を示すことなど。

・子どもの心を傷つけることを繰り返し言う。

・子どもの自尊心を傷つけるような言動など。

・他のきょうだいとは著しく差別的な扱いをする。

・配偶者やその他の家族などに対する暴力や暴言。

・子どものきょうだいに、1〜4の行為を行う、など。

(2) 子ども虐待の発生要因

　子ども虐待は、主に3つの発生要因があるとされる (高橋, 2001)。

　①保護者側の発生要因：子ども時代に大人から愛情を受けていなかったこと、精神疾患等。

　②子ども側の発生要因：未熟児、障害児など親にとって育てにくいこと。

　③養育環境の発生要因：経済不安や夫婦不和、育児負担など生活にストレスが積み重なって起きる状況にあること、社会的に孤立していること。

　これらの要因が重なることで、子どもへの虐待は起きてしまう。

(3) DV（ドメスティック・バイオレンス）と子ども虐待

　「ドメスティック・バイオレンス」は、「DV」と呼ばれ、「配偶者や恋人など親密な関係にある、又はあったものから振るわれる暴力」という意味で使用される。子どもがDVの現場を目撃しているか否かでも、その家庭で育った子どもには心理的虐待として対応する必要がある。また、目撃するだけではなく、直接暴力を受けていることもあるので注意しなければならない。

　2018（平成30）年度、児童相談所での児童虐待相談対応件数においては、心理的虐待の件数が、前年比1万6192件の増加となっている（図表13-2）。これは、面前DVという、母親が暴力を振るわれている姿を目撃したケースについて、警察からの通告が増加したためである。

図表 13-2　児童相談所での虐待相談内容別件数の推移

	身体的虐待	ネグレクト	性的虐待	心理的虐待	総数
平成 25 年度	24,245 (32.9%)	19,627 (26.6%)	1,582 (2.1%)	28,348 (38.4%)	73,802 (100%)
平成 26 年度	26,181 (29.4%)	22,455 (25.2%)	1,520 (1.7%)	38,775 (43.6%)	88,931 (100%)
平成 27 年度	28,621 (27.7%)	24,444 (23.7%)	1,521 (1.5%)	48,700 (47.2%)	103,286 (100%)
平成 28 年度	31,925 (26.0%)	25,842 (21.1%)	1,622 (1.3%)	63,186 (51.5%)	122,575 (100%)
平成 29 年度	33,223 (24.8%)	26,821 (20.0%)	1,537 (1.1%)	72,197 (54.0%)	133,778 (100%)
平成 30 年度 （速報値）	40,256 (25.2%)	29,474 (18.4%)	1,731 (1.1%)	88,389 (55.3%)	159,850 (100.0%)

(出典) 厚生労働省 (2018)「平成30年度 児童相談所での児童虐待相談対応件数〈速報値〉」および『読売新聞』(2019年8月1日掲載分) より筆者作成

（4）保育所における子ども虐待のチェックリスト

1）虐待の発見

　保育士は、虐待の兆候に気づく（いわゆる発見する）目を養わなければならない。

　保育所等で発見しやすい虐待の兆候は、以下の通りである。

・目につきやすい部位（手足、顔、首など）に不自然な傷やあざがある。

・着替えやおむつ交換の際に、普段気づきにくい部位（腹、背中、尻など）に不自然な傷やあ
ざが見られる。

・ふらつき、体調不良の訴えが常態化している。

・食事を抜いてくる子どもは、息によるにおいに表われる。

・衣服の袖口や首回りが伸びている。よだれが渇いたにおいがし、洗濯がされていない。

・虫歯、高熱などがあるにもかかわらず病院に連れて行かない。

図表 13-3　児童虐待早期発見のためのチェックリスト

項目	状況	内容（具体例）
子どもの様子	□攻撃性が強い	いじめ、動物虐待、他児への暴力
	□孤立	友達と一緒に遊べなかったり、孤立する
	□体調の不調を訴える	不定愁訴、反復する腹痛、便通などの異常
	□不安	暗がりやトイレを怖がるようになる
	□過度の甘え行動が強い	年齢不相応な幼稚さ、保育者を独占したがるなど、過度のスキンシップ
	□丁寧過ぎる態度	年齢不相応の言葉遣い、態度
	□精神的に不安定である	精神的、情緒的に不安定な言動がある
	□保護者の態度をうかがう様子	親の顔色をうかがう、親と離れると笑顔を見せる
	□性的関心が高い	豊富な性知識、性体験の告白
保護者の様子	□精神状態	うつ的、不安定、妊娠・出産のストレス、育児ノイローゼ
	□性格的問題	一方的被害感、偏った思い込み、衝動的、未熟である
	□攻撃性が強い	一方的な保育所等への非難、脅迫行為、他児の親との対立
	□交流の拒否	行事などの不参加、連絡をとることが困難
	□アルコール、薬物等の問題	現在常用している、過去に経験がある、依存
家庭の様子	□近隣からの孤立・非難	近隣との付き合いを拒否、避難される
	□家族間の暴力、不和	家族、同居者間に暴力、不和がある
	□頻繁な転居	理由のわからない頻繁な転居
	□関係機関に拒否的	特に理由もなくかかわりを拒む
	□子どもを守る人の不在	日常的に子どもを守る人がいない
	□生活リズムの乱れ	昼夜の逆転など生活リズムが乱れている

（注）「緊急的な支援を要するもの」「虐待を疑わせるもの」「虐待の視点を持つ必要のあるもの」としてチェック項目が示
　　されているが、保育者が日常的に子どもの様子をチェックする項目として「虐待の視点を持つ必要のあるもの」を抜
　　粋している。その他の項目については出典を参照。なお、チェックリストのいずれかに該当した場合でも、必ずしも
　　虐待が行われているわけではないことに留意する。

（出典）神奈川県（2009）「早期発見のチェックリスト」を基に編者作成
　　　　https://www.pref.kanagawa.jp/docs/w6j/gyakutaitaisakusienka/soukihakken.html

保育士は、常に子どもの様子を観察し、いつもと違うと感じたら、園長や看護師への報告を習慣化することが虐待の早期発見につながってくる。

2）子ども虐待に係る通告

　「児童虐待防止法」第6条には、「児童虐待を受けたと思われる児童を発見した者は、速やかに、これを市町村、都道府県の設置する福祉事務所若しくは児童相談所又は児童委員を介して市町村、都道府県の設置する福祉事務所若しくは児童相談所に通告しなければならない」と明記されている。

　これは、子ども虐待の発見には通告の義務があり、通告しても保育士は守秘義務違反にはならないということである。保育所で虐待を受けたと思われる子どもを発見した場合は、自治体などで作成した「児童虐待早期発見のためのチェックリスト」（図表13-3）を用いて判断し、児童相談所などの関係機関に通報しなくてはならない。

2　子ども虐待と関係機関

　2017（平成29）年度に虐待により亡くなった子どもは56人。そのうち0歳児が最も多く28人。そのなかでも14人は、産まれたその日のうちに亡くなっている。主な理由は、「予期せぬ妊娠」「計画していない妊娠」があげられる。つまり、虐待は育児中に限ったことではない。妊娠期より子どもを産み育てることに悩んでいる母親がいるということがわかる。虐待の防止には、妊婦や育児中の母親を関係機関で支えていくことが大切である。

(1) 児童相談所

　児童相談所は、子どもに関連する様々な相談に応じる（養護相談、保健相談、障害相談、非行相談、育成相談）。虐待の第一義的な専門機関であり、通報を受けたら48時間以内に虐待の事実を確認しなければならず、夜間や休日にも対応することになっている。

　児童相談所では、虐待を受けた子どもの安全確保を最優先にしている。あわせて、虐待を行った保護者を支援するためのアセスメントも重要な業務である。

　児童相談所には、一時保護所が併設されているところもある。

(2) 子育て世代包括支援センター

　子育て世代包括支援センターは、妊娠期から子育て期にわたる「切れ目のない支援」を展開するために、2017年4月1日に施行された改正母子保健法により法定化された。この制度には、母子保健分野の医師や保健師などもかかわっているため、子ども虐待の可能性のある保護者の幅広い情報収集が期待できる。

3 事例検討

　次の演習を通して、子ども虐待の予防と対応について理解を深めよう。

(1) 事例Ⅰ：保育所内での事例

　A保育士は、就職し2年目であり、4歳児クラスを担当している。クラスのB君（4歳）は活発な男の子である。両親はB君が生まれて間もなく離婚し、現在は母親と暮らしている。A保育士は、保護者との信頼関係をつくることに力を入れている。特に、ひとり親家庭のB君に対しては、できるだけ母親の育児負担を減らそうと、お迎え時や連絡帳を活用してB君の様子を具体的に伝えるようにしていた。

　ある日、A保育士は「先生、結婚しようと思っているんです」と、母親から打ち明けられた。その頃からB君の活発さがなくなり、ひとりで遊ぶ姿やA保育士を独占したがるなど、今までにはない行動が見られるようになった。

　それから2か月が経過した。B君の背中に10㎝程のあざが見つかった。薄っすらと浮き上がるほどの傷だったが、A保育士は「虐待」を疑い、B君に「この傷どうしたの？」と聞いてみた。B君は「転んだ」と答えたが、明らかに故意によるものだった。その日のお迎えでは、「彼に貯金を持ち逃げされた」と、母親が泣きながら相談に訪れた。

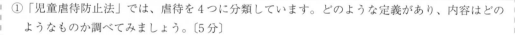

　ワーク13-1

　① 「児童虐待防止法」では、虐待を4つに分類しています。どのような定義があり、内容はどの
　　ようなものか調べてみましょう。〔5分〕

　② B君に疑われる、虐待はどのようなものがあてはまるでしょうか。〔5分〕

　③ 保育所で行える対応について、意見を出し合ってみましょう。〔10分〕

(2) 事例2：ネグレクト（育児放棄）の事例

　C君は3歳の男の子。母親は21歳。パート勤務。父親は長距離トラックの運転手だが、保育所への送迎や行事への参加は一度もない。

　C君は、新年度になり他県から転居してきた。保育所へは休むことなく毎日通園していたが、7月に入ってから2日間の無断欠席が続いたため、**要支援児童**(*1)として保育所内で情報を共有することになった。

　その日は梅雨明けの猛暑日であり、保育所ではプール活動を行う日になっていた。しかしC君は、プールの用意をしてくるどころか、長袖シャツに長ズボンという格好で登園してきた。担当保育士Aは、C君へのネグレクトを疑い、送迎時には必ず母親への声かけを行うようにし、家庭での養育状況を把握するよう努めた。ちょうどその頃、同じクラスの保護者からは、「C君のお母さんに保護者会の連絡を入れてもつながらない」「公園でC君を遊ばせながら、お母さんは携帯電話をいじっていた」「小学生とぶつかったC君が、泣きながらお母さんに駆け寄ってもうっとうしいとばかりに怒鳴っていた」「携帯のオンラインゲームやSNSに熱中している」と、母親への育児に対する心配の声が寄せられるようになった。さらに、保育所看護師は、C君の衣服よりにおいがすることや昼食前に空腹から動きが鈍くなっている様子に気づき、保健室で体をチェックすることにした。すると、髪の毛から虱が見つかり、体重も1か月で2キロも減少していることがわかった。A保育士は、園長の指示のもと母親と個別面談を実施することにした。

ワーク13-2 ✐

①本事例の状況から、C君が家庭においてひとりで過ごしていることが想像できます。その影響を考えてみましょう。〔5分〕

②育児より自分の時間を優先する母親に対して、保育所保育士が行う母親への支援にはどのようなものがあるでしょうか。〔5分〕

③保育所としてC君への対応について考えられることをあげてみましょう。〔10分〕

---

(3) 事例3：DVが疑われる虐待の事例

　A保育士は、4歳児クラスを受けもっている。ある日、Dちゃんの送迎を中学1年生の兄が行うことが数日続いた。母親の電話によると、母親の体調がすぐれないため、回復するまでの送迎を兄が行うので特例を認めてほしいとのことだった。その後も、兄の送迎が1週間続いたため、不審に感じた

A保育士は母親に再度電話をかけてみた。しかし、母親は「体調が良くならないからもう少し兄に送迎させたい」と言って電話を切ってしまった。

A保育士は、改めてDちゃんの家庭調査票を確認した。母親は2年前に離婚し、仕事は昼と夜のダブルワークをしていた。その頃より、うつ症状が出はじめ、睡眠導入剤を服用。Dちゃんへの虐待行為など、不適切な行為については記入されていなかった。

翌日、Dちゃんからは、入浴していないようなにおいが確認された。また、昼寝の時間になると必ず泣くようになり、A保育士のそばを離れなくなった。そこで、A保育士は、Dちゃんを膝に抱き家での様子を聞くことにした。

「新しいおじさんが家に来る。ママがぶたれて痛いと泣いている」。Dちゃんは、家庭での様子を話してくれた。A保育士は、迎えに来た兄にも母親の様子を聞くことにした。兄は「夕方学校から戻ると母親は家にいない。どこにいるかわからない……」と、打ち明けてくれた。

A保育士は、育児放棄とDVの可能性が明らかになったため早急な対応が必要だと考えた。

ワーク13-3 📝

①あなたがA保育士ならば、Dちゃんの家庭についてどのようにアセスメントをしますか。〔10分〕

②DV被害が疑われる母親への支援について、皆さんが居住している地域にはどのような社会資源があるか調べてみましょう。〔10分〕

---

4 事例の解説と考察

(1) 事例Iについて

本事例のように、保育所では虐待が発見されることがある。

ワーク13-1①　1（1）をもとに確認しよう。

ワーク13-1②　子どもへの虐待は、密室で行われているため、子どもの恐怖は相当なものである。保育士は、B君の表情を常に観察し、子どもが虐待を受けている兆候を見逃してはならない。本事例では、身体的虐待と心理的虐待が疑われる。身体的虐待が疑われるのは、「背中に10cm程のあざ」を発見したことである。心理的虐待は、「B君の活発さが見られなくなった」「ひとりで遊ぶ姿、保育士を独占したがる」というような、通常と異なる行動から推測できる。ほかにも、幼児が不安を抱えているときは、物に当たる、弱いものをいじめるなどの行動を起こすこともある。

ワーク 13-1 ③　まず、母親の結婚によりB君の生活環境、家族構成が変わるとわかった時点で、保育所内での情報共有を行わなければならない。そして、B君の活発さが見られなくなった時点で、ケースカンファレンスを行い対応策を考える必要がある。

さらに、「彼に貯金を持ち逃げされた」と相談があったことから、母親は精神的に不安定となり、B君の背中にあざができるほどの虐待を起こしたと考えられる。今後も、B君への虐待がエスカレートすることが想定されるため、児童相談所への連絡を早急に行う義務が保育所にはある。児童相談所には、B君の一時保護の判断を任せるべきだろう。

(2) 事例 2 について

ワーク 13-2 ①　本事例のような、食事を与えられない、清潔な状態を保てない、一緒に遊んでもらえないなどのネグレクトは、情緒的欲求が満たされないことによる様々な悪影響をもたらすことになる。このような家庭での養育状況が続けば、年齢相応の発達ができなくなってしまう。通常3歳児は、家庭において保護者との遊びや会話を通して、多くの言葉を覚えたり情緒的な絆を深め成長していく。それもかなわずC君は、ひとりきりで寂しい思いをしながら過ごしていたことがわかる。経験のある保育士は、夕方家庭に帰る子どもの顔つきと翌日朝に登園してくる子どもの顔つきを見て、家庭でどのように過ごしているかを推察している。虐待を受けている子どもたちの変化にいち早く気づくことは、保育士の専門性のひとつであり、子どもたちの発達や成長を助けることにもなる。

ワーク 13-2 ②　育児より自分の時間を優先する母親への支援については、どのような意見が出たであろうか。21歳という若い母親を支援することも保育所に課せられた重要な仕事である。まず、保育士は、送迎時を利用して母親に声をかけ続けることが大切だ。そうすることで、母親は「困ったことがあれば保育所を頼りにしてもよい」「保育士に相談してみよう」と思えるようになり、保育所と母親の信頼関係が築けてくるのである。また、この母親は10代で妊娠・出産したことがわかる。保健所などが母親の状況を把握していることが想定できるため、子育てで孤立をしていないかなど、入所時にしっかりと情報収集をしておこう。

次に、同じクラスの保護者から寄せられた心配の声について考えてみよう。母親が、C君の養育を怠っていたとしても母親から携帯電話を取り上げるわけにはいかない。保育士は、子育ての専門職として「このままの状態ではC君の発育に悪影響がある」ことを具体的に伝えていかなくてはならない。そして、自分でコントロールができず、周囲が依存症と気づいているのに母親が否定している場合には、専門的な機関へつなげる必要がある。依存症については、**精神保健福祉センター**(*2)で相談を受け付けている。

ワーク 13-2 ③　まず第一に、転居してきた時点で家庭環境を把握する必要があった。その後、子育てへの助言や保育所の面接で改善がみられなければ、長距離トラックの運転手をしている父親の存在を確かめる必要がある。どのくらいの頻度で帰宅し、育児を手伝っているのか。また、母親の両親の存在も確かめる必要があるだろう。その結果を受けて、保育所で情報を共有しチームとして対応していかなければならない。本事例では、近親者には育児の応援が頼め

ない状況と判断された時点で児童相談所に介入してもらい、C君の一時保護を含めた今後の対応を早急に決めていかなくてはならない。

(3) 事例3について

ワーク13-3 ①　子どもへの虐待が疑われる場合、保育所でも十分なアセスメントが必要になってくる。アセスメントとは、「援助を開始するにあたり、問題状況を把握、整理し子どもや家族を理解すること」であり、ソーシャルワークの重要なプロセスである（⇒第7・8章参照）。

本事例における、Dちゃんの家庭へのアセスメントは、問題状況を把握するために、母親との面談を設定する必要がある。しかし、母親は育児放棄を疑わせる行為（子どもに送迎を任せている）など、監護能力が疑われるため面談に応じることは難しいだろう。そういう場合は、保育所とDちゃん、兄、そして母親とのやり取りを保育日誌や個人記録票に詳細に記述しておくことが望ましい。さらに、やり取りを時系列に整理しておくことで、子どもや家族の援助方針が見つかったりすることもある。また、きょうだいが一時保護となった場合、保育所の記録が児童相談所の重要なアセスメント資料となっていくこともある。

ワーク13-3 ②　DV被害を受けた母子への支援は、「配偶者からの暴力の防止及び被害者の保護に関する法律（通称、DV法）」を活用し、一時保護などを行うことができる。保育所の場合は、**母子生活支援施設**(*3)や婦人相談所（女性相談センターなど）を知っておく必要がある。特に、母子生活支援施設は、母子分離されることがない児童福祉施設だと説明すれば、母親の不安も緩和されるだろう。各自治体には、DV被害に悩む女性への相談窓口も設置してある。

■ キーワード

子ども虐待の定義　子ども虐待の発生要因　DV（ドメスティック・バイオレンス）　児童相談所

■ 用語解説

＊1〔要支援児童〕　育児不安の親の下で監護されている子どもや、養育に関する知識が不十分なため不適切な養育環境に置かれている子どものこと。

＊2〔精神保健福祉センター〕　精神保健及び精神障害者福祉に関する法律により、都道府県や政令指定都市に設置されている。心の病気、思春期、各種の依存症などの治療や相談を受けている。

＊3〔母子生活支援施設〕　児童福祉法第38条に規定されている児童福祉施設。配偶者のいない女性とその子どもを保護し自立支援に必要な支援をする。他の児童福祉施設と異なり、母子分離がされないことが特色である。

■ ブックガイド

安藤由紀（2001）『だいじょうぶの絵本2　いいタッチわるいタッチ』岩崎書店▶「くちと みずぎでかくれるばしょはじぶんだけの たいせつな ばしょ。さわっていいのは じぶんだけなの」。虐待を防ぐためには、子どもたちに情報を与えることも大切なのではないだろうか。保育士が絵本を読み聞かせながら、自分の心と体は大切なものだと教えてあげたい。

（髙橋　雅人）

本章のポイント

● 児童養護施設の施設保育士の役割について理解する。

● 児童養護施設の家庭支援について理解する。

● 事例を通して、児童養護施設の支援について学ぶ。

1　要保護児童と社会的養護施設

　要保護児童とは、「保護者のいない児童又は保護者に監護させることが不適当であると認められる児童」（児童福祉法第6条の3第8項）であり、保護者に遺棄された児童、保護者が長期拘禁中の児童、孤児や被虐待児童、不良行為をなし、またはなすおそれのある児童などを指す。

　社会的養護は、要保護児童を公的責任で社会的に養育し、保護するとともに、養育に大きな困難を抱える家庭への支援を行うことである。社会的養護の対象となる児童は、約4万5000人いる。そのうち、保育士は児童福祉施設（乳児院、児童養護施設、児童心理治療施設、児童自立支援施設、母子生活支援施設）で、子どもたちを支援することになる（図表14-1）。また、近年、社会的養護を必要とする子どもたちは、**里親**(*1)や**ファミリーホーム**(*2)などの家庭養護で養育していこうという動きになっている。

図表 14-1　社会的養護の現状

施設	乳児院	児童養護施設	児童心理治療施設	児童自立支援施設	母子生活支援施設
法的根拠	児童福祉法第37条	児童福祉法第41条	児童福祉法第43条の2	児童福祉法第44条	児童福祉法第38条
対象児童	乳児（特に必要な場合は、幼児を含む）	保護者のない児童、虐待されている児童その他環境上養護を要する児童（特に必要な場合は、乳児を含む）	家庭環境、学校における交友関係その他の環境上の理由により社会生活への適応が困難となった児童	不良行為をなし、又はなすおそれのある児童及び家庭環境その他の環境上の理由により生活指導等を要する児童	配偶者のない女子又はこれに準ずる事情にある女子及びその者の監護すべき児童
施設数	140か所	605か所	46か所	58か所	227か所
定員	3,900人	32,253人	1,892人	3,637人	4,648世帯
現員	2,706人	25,282人	1,280人	1,309人	3,789世帯　児童6,346人
職員総数	4,921人	17,883人	1,309人	1,838人	1,994人

（出典）厚生労働省子ども家庭局家庭福祉課（2019）より筆者作成

(1)　児童養護施設の支援の流れ

　児童養護施設では、子どもたちと日々寝起きをともにしている施設保育士や児童指導員が交

代制で勤務している。

　施設養護は、親元を離れ施設への入所に不安を感じる子どもたちを安心して迎え入れるところからはじまり（アドミッションケア）、日常生活支援（インケア）を通して子どもたちの成長や発達を支援する。日常生活支援とは、食事や入浴、排せつや睡眠などの健康管理、行事や余暇活動、学校生活に関する支援など子どもたちの生活にかかわるすべてをいう。また、家庭復帰や進学、就職などの準備（リービングケア）や退所後に安定した生活を送れるよう（アフターケア）、いつまでも子どもたちに寄り添いながら、見守り支えていく流れとなっている。

1）アドミッションケア

　アドミッションケアとは、入所前後の支援のことである。

　施設への入所を控えた子どもたちは、保護者や学校の教員、友人と離れ、知らない場所で新たな人間関係を構築するため大きな不安を抱えている。そこで、施設保育士は、子どもたちの不安をやわらげるために、施設の生活や子どもの権利ノートを用いて保障される権利を説明する機会を入所前に設けている。この取り組みは、信頼関係を形成（ラポール）するための大切な支援の第一歩である。施設側の準備としては、衣類や食器、学習道具などを揃え、迎え入れる環境を整えておく必要がある。このような配慮により、不安を抱える子どもたちは施設での生活に早く慣れることができる。

2）インケア

　インケアとは、施設で生活を送る日常生活支援のことである。

　児童養護施設では、年齢、家庭環境、入所に至る問題が異なる子どもたちが生活を送っているため、一人ひとりの発達や成長に合わせた日常生活支援を行う必要がある。要保護児童の家庭は、子どもを養育する機能が果たされていないことがあるため、児童養護施設では衣食住に代表される日常生活を通して生活習慣をつくり上げていかなければならない。衣食住を確保することは、子どもへ安心感を与え、健康な心身をつくり上げていく。また、施設では各種スポーツや動物飼育、登山や海水浴などの行事や余暇活動にも積極的に取り組んでいる。これは、施設に入所する前の子どもたちは、社会体験の機会が与えられず、自らの能力（ストレングス）や得意分野を見つける機会を奪われていたためである。施設保育士は、このような日常生活や様々な取り組みを通して、子どもたちの成長や発達を支えていくのである。

3）リービングケア

　リービングケアとは、施設退所へ向けての準備・支援のことである。

　児童養護施設で生活を送っている子どもたちの退所先は、家庭復帰、仕事場の寮、アパートなどがある。東京都の調査によると、退所直後に困ったことは、①孤独感、孤立感（34.6％）、②金銭管理（32.0％）、③生活費（31.0％）、④職場での人間関係（24.9％）、⑤住民票や戸籍の手続き（17.2％）の順になっている。このような場面に対応できるように、施設内にある自立訓練室（棟）や近隣の借り上げアパートなどで自立生活訓練を行っていく。子どもたちが地域社会のなかで生活を送るために、リービングケアは重要な支援といえる。

4）アフターケア

　アフターケアは、退所後の生活を安定させるための支援のことである。

東京都の調査によると、施設を退所した子どもたち（退園生）の相談相手は、施設の職員が43.1％と最も多い。次いで親（保護者）・親族が22.0％。（施設以外の）友人・知人21.1％と続いている。しかし、実際は退園生が相談したいと思ったときに、頼りにしていた職員が転勤や退職で施設からいなくなり困惑したという声を聞く。そのような大人側の都合で、退園生の人間関係が途切れることのないように、複数の職員の連絡先を伝えておくなど、彼らが安心して相談に訪れることができる体制を整えておくことが望ましい。また、**児童相談所**(*3)や退園生の出身校とも連携し、彼らの生活状況を共有しておくことも重要である。

(2) 連携する専門職

　「児童福祉施設の設備及び運営に関する基準」では、児童養護施設に配置される職員として、保育士、児童指導員、嘱託医、個別対応職員、家庭支援専門相談員、乳児がいる場合は看護師が必置となっている。児童養護施設に入所する子どもたちは、虐待や親の病気、死亡など様々な問題を抱えているため、専門職が各々の専門性を活かしチームとして一人ひとりに向き合うことが重要である。保育所や幼稚園と比較しても、多くの職種と連携していることが児童養護施設で働く保育士の特色である。

1) 個別対応職員

　個別対応職員は、虐待を受けた児童の入所が増加しているため、個別の対応が必要な児童への1対1の対応、保護者への支援も行う職員のことである。

2) 家庭支援専門相談員

　家庭支援専門相談員は、入所している児童の家庭復帰のための家庭支援やアフターケア、地域や関係機関へ出向くなどその職務は多岐にわたっている。

2　保護者の支援

(1) 保護者の状況を理解する

　厚生労働省の調査によると、児童養護施設への入所理由の37.9％が虐待によるものだ。また、保護者の病気（精神疾患）や経済的理由（貧困）による入所も増加している。保護者の生活背景には、虐待や精神疾患、貧困に至らざるを得ない理由が根幹にあることがわかる。保育士は、保護者の生活背景にある様々な要因を考慮した上で十分なアセスメントを行い、適切な支援計画を立てる必要がある。

　特に、虐待の加害者である親への支援には注意を要する。支援のポイントは、①温かく見守る（共感）、②虐待者を責めない（受容）、③悪循環を断つための助言、④一機関で抱え込まない、⑤社会資源を積極的に活用する、ことである。

(2) 親子関係再構築の支援

　児童養護施設における家族支援の役割は、単に家族調整を行って子どもを早期家庭引き取り

に導くことに限るものではない。児童養護施設では、家族再統合が可能となったケースは全体の4割に満たないのが実態である（厚生労働省，2020）。しかし、子どもたちは、保護者がどのような事情であっても、再び一緒に暮らしたいという思いが精神的な支えとなり日々施設での生活を送っているのである。

「児童養護施設運営指針」には、家族に対する支援として、「①児童相談所や家族の住む市町村と連携し、子どもと家族との関係調整を図り、家族からの相談に応じる体制づくりを行う。②子どもと家族の関係づくりのために、面会、外出、一時帰宅などを積極的に行う」と明記されている。これは、家庭復帰が子どもにとって最大の利益になるかを判断するために、施設と保護者だけではなく、児童相談所など関係機関との連携が不可欠になるということである。

3　事例検討

次の事例を通して、児童養護施設での支援について理解を深めよう。

(1) 事例Ⅰ：施設で生活を送る子どもへの支援について

A君（7歳）は、両親の離婚後母親に育てられていた。母親は、育児不安からA君に対して殴る・蹴るなどの身体的虐待をするようになった。また、夜間に男友達の家へ外泊し、A君をひとりで留守番させることもあった。A君は、近隣住民からの通報で児童相談所に一時保護された後、児童養護施設への入所となった。

施設入所当初のA君は、保育士の手伝いや年少児童の面倒を積極的にみてくれていた。また、転校した小学校でも意欲的に発言するなど前向きな生活を送っていたが、数か月後、小学校の担任から授業中の立ち歩きや同級生へ暴力をふるうようになって困っていると連絡がくるようになった。施設でも、飼育している動物をいじめるなどの問題行動が表われ、女性保育士には甘えたり反抗的な態度をとってみたりと、情緒不安定な様子が見られるようになった。

ワーク 14-1 ◉

①A君が、母親に対して抱く思いはどのようなことでしょうか。想像してみましょう。〔5分〕

②A君への接し方について、グループをつくり話し合ってみましょう。〔10分〕

③Ａ君が「お母さんはどうしてる？」と聞いてきました。施設保育士としてどのように対応します
か。〔10分〕

(2) 事例2：保護者への支援について

　Ｂ君は、児童養護施設での生活も5年が経過し、この春中学2年生に進級した。Ｂ君の入所理由は、
母親からの虐待である。

　両親は、Ｂ君が3歳のときに離婚。母親はスーパーマーケットでパートタイム勤務をしていたが、Ｂ
君が小学3年生のときにアルコール依存症と診断された。この頃よりＢ君に対しての虐待が見られる
ようになり、顔や腕にあざをつくり登校したため、小学校の担任が児童相談所へ通報し入所となった。

　Ｂ君は、陸上部の短距離で活躍し、学業の成績は学年相応である。担当の保育士は、Ｂ君の家庭復
帰を中学3年生進級時とするのが望ましいと考えた。そのことは、施設内でのケースカンファレンス
を通して了承された。児童相談所は、Ｂ君が家庭復帰する条件として、定期的な面会と一時帰省を行
い母親の養育能力が確証されなければ了承できないとした。しかし、母親は、面会日の前日になると
「Ｂがいつまでも家庭へ戻れないのは、施設側の指導に問題がある」と、飲酒した状態で電話をかけて
きた。結局、面会をキャンセルすることが続いてしまった。電話対応した担当保育士は、（せっかくＢ
君が努力し、施設側も家庭復帰の体制を整えてきたのに、母親がこの調子では……）と、不安を抱い
てしまった。

ワーク14-2 ✏

　①飲酒した状態で電話をかけてくる母親に、施設保育士としてどのような対応をしますか。〔5分〕

　②施設保育士として、母親にどういう言葉をかけますか。〔5分〕

(3) 事例3：家庭復帰にかかわる他機関との連携について

　児童相談所へ、育児に疲れたという母親から一本の電話が入った。家庭環境は、夫と長女（小学5
年生）、双子の姉妹（2歳）の5人家族。母親によると、3年ほど前から体調を崩すことがあり、その
ような状態で双子を出産したという。このような育児への不安を抱えていた母親に対し、子育て世代
包括支援センターにより紹介された保健師が、心身のケアや子育てへの助言を行ってきた。しかし、
母親は日々の育児にストレスを感じ、最近では、長女へ手をあげてしまうようになった。そのため、
母親は心療内科を受診、育児による「うつ」であると診断され服薬をはじめた。児童相談所は、緊急

会議により双子を一時保護することにした。約1月半ののち、双子の姉妹は児童養護施設へ入所となった。入所時は、父母ともに「半年後には引き取りたい」と希望していた。

それから、半年が経過したが母親の体調は回復せず、家庭引き取りは先に延ばすこととなった。

1年後、父親から児童養護施設へ連絡が入る。「母親の意思は、双子の子どもたちだけを施設へ入れておくことはかわいそうだと思っている」「体調もだいぶ回復したので引き取りをしたい」との申し出だった。家庭支援専門相談員は、父母の申し出を受けて児童相談所へ連絡。児童相談所と連携して、家庭復帰の計画を立てることにした。

〔家庭復帰の計画〕
1) 母親の支援として、保健師との関係を築いていく。
2) 養育への負担への援助（保育所入所促進）。
3) 親族の援助の検討。
4) 短期的な外泊をくり返し設定し、施設側と連携しながら母親の状態を把握し、家庭復帰の時期を探っていく。

ワーク14-3 ✏

① 家庭支援専門相談員の仕事について調べましょう。〔5分〕

② 〔家庭復帰の計画〕の1)にある、保健師が行う、育児に不安を抱える母親への支援には、どのようなものがあるでしょうか。〔10分〕

③ 〔家庭復帰の計画〕の4)にある、短期的な外泊をくり返すことについて、子どもの立場からのメリット、デメリットを考えてみましょう。〔10分〕

4　事例の解説と考察

(1) 事例Ⅰについて

ワーク14-1①　まず、施設保育士は、虐待を受けている子どもが深い心の傷を負っているということを念頭に、日々の支援を行っていかなければならない。施設で生活を送る子どもたちは、保護者からひどい暴力を受けていても、母親や父親が大好きなことが多い。しかし、彼

らの心には「なぜ、僕（わたし）だけが知らない場所で知らない人たちと暮らすんだ」と、他の子どもたちと比べて不幸な自身の境遇を悲しむ想いも当然ある。つまり、A君は、いつになれば母親と暮らすことができるようになるのかと、常に母親と生活できることを願いながら生活を送っている。保育士を手伝い年少児童の面倒をみていたこと、小学校での意欲的な発言は、良い子にしていれば早く母親のもとに帰れるという願望があったためと思われる。数か月経ち、その思いがかなわないとわかり、学校での問題行動、保育士への甘えや反発へと発展してしまったのだろう。保育士は、A君の問題行動だけを見るのではなく、その内面を察知する能力も身につけなければならない。

　ワーク14-1②　皆さんは、A君へのどのような接し方を浮かべただろうか。「A君がサッカーや野球がやりたいと言えば、一緒にボールを蹴り、キャッチボールをする」「食事の時間には、学校での出来事を話してみる」「テレビの歌番組を観ながら一緒に歌ってみる」「就寝時には、絵本の読み聞かせをする」「手伝いをしてくれたら頭を撫でて褒める」などの意見が出たかもしれない。施設保育士は、まずは子どもたちと一緒に汗まみれ泥まみれになって遊び、積極的にコミュニケーションをとってほしい。その際、施設保育士は、子どもたちとコミュニケーションをとりながら、子どもたちの心の声に耳を傾けていく姿勢が大切になってくる。A君が、いつもと異なる表情や態度を見せたら、悩みごとがあるというサインを発しているということだ。「何かあった？」など、安心させるような声をかけてみるとよいかもしれない。

　ワーク14-1③　7歳のA君に母親の現在の状況を理解させることは難しいだろう。まず保育士は、A君の想いを具体的に聞き取る努力をしてみよう。その後に、母親がどの程度A君の家庭復帰に向けて努力しているかを、7歳の子どもにも理解できる言葉で返答しよう。また、母親の状況をある程度把握していれば、A君に母親への手紙を書いてみるように提案してみてもよいだろう。母親から返事が届いたら、A君の手元に手紙を置くなど、生活が前向きになるような工夫を心がけよう。

(2) 事例2について

　ワーク14-2①　施設に子どもを預けている親は、わが子が施設で暮らしていることに負い目を感じていることがある。母親が飲酒した状態で電話をかけてくるのは、自分の健康や将来B君を養育できるかなどの不安を感じているためである。

　日頃、子どもたちの努力や成長を間近に見ている保育士は、面会の約束を守らない母親に対して、「アルコールをやめるべきだ」「親なら親らしくしてほしい」と、自身の価値観を押しつけてしまいそうになる。しかし、保育士は保護者に対して

感情的になってはならない。バイステックの7原則には、相手を一方的に非難しない（非審判的態度）原則がある。母親との良好な関係をつくり、維持することが施設保育士の心がけなければならない態度である。そして、感情的になりそうならば、家庭支援専門相談員に対応を任せることもひとつの方法である。

ワーク14-2②　施設保育士は、B君が家庭復帰し母親と再び幸せな生活を送るにはどうすればよいかを日々考える支援を心がけよう。

まず、B君の家庭復帰は、母親の心身の回復があってこそ実現できてくる。そこで保育士が第一に行うべき声かけは、「B君は（陸上競技、期末テスト、施設で年少児童の面倒をみているなど）がんばっていますよ」など、B君のがんばり（努力）を母親に伝えることである。

その次に、母親の不安を安心に変える言葉かけを行っていこう。「今度、お母さんも体調が良いときに面会に来てください」「お母さん、つらいことがあったらいつでも電話していいですよ。わたしも解決策を探していきますから一緒にがんばりましょう」、などである。

そのような言葉かけの積み重ねで、母親の不安は安心に変わり、面会の回数が増え、やがて親子で再び暮らせるようになってくるのだ。

しかし、親子だから一日でも早く一緒に暮らすべきだという焦りは禁物である。親子関係の修復は、虐待のリスクがないと判断されるまで、慎重に進めていかなければならない。

(3) 事例3について

ワーク14-3①　家庭支援専門相談員（ファミリーソーシャルワーカー）は、次のような仕事を行う。子どもたちの家庭復帰に向けた保護者との相談援助、里親や養子縁組に向けた推進業

務、地域へ出向き育児不安の解消のための援助、要保護児童対策地域協議会への参加、児童相談所など関係機関との連絡・調整、などである。ほかにも、食事や入浴、学習支援（インケア）を通して子どもたちの声や悩みなどを他の職員へ伝える役目も担う。施設退所後のアフターケアも重要な業務である。

乳児院や児童養護施設のホームページには、家庭支援専門相談員の詳しい仕事内容が掲載されている。ぜひ参考にしてほしい。

ワーク14-3②　保健師は、子どもだけではなく高齢者も含めたすべての住民を対象にした保健活動を担っている。子どもやその家庭では、未熟児や障害児、虐待のおそれのある家庭や精神的に不安定な家庭を対象に、家庭を訪問し保健に関する指導を行っている。このように、保健師は担当する地域の母子保健活動について熟知している。保育所は、育児に不安を抱える保護者支援のために保健師と連携できる体制を整えておこう。

ワーク14-3③　児童福祉施設から家庭復帰する場合は、外泊の回数を段階的に増やす方法がとられている。施設によっては、短期（1泊、2泊）、中期（4泊、5泊）、長期（1週間程度）などの外泊を行い、家庭復帰の状況を見守るようにしている。本事例では、双子が2歳と低年齢のため外泊訓練をくり返すことがかえって負担になってしまうことがある。施設保育士は、母

親の育児能力について見極めるだけではなく、子どもの本心を読み取る**アドボケイト**$^{(*4)}$の役割を果たすことも重要である。また、家庭復帰を決定する際には、他機関の専門職の意見を聴取し、最適な時期を判断しなければならない。

（髙橋　雅人）

第15章 多様なニーズを抱える子育て家庭の理解

本章のポイント

● 外国にルーツをもつ子どもとその家庭が抱える困難さを理解する。

● 多文化共生の視点を理解する。

● 相手の状況に合わせた対応や配慮を考える。

1 保育所における多様なニーズ

　保育所保育指針「第4章　子育て支援」には、「(2) 保護者の状況に配慮した個別の支援」として「ア 保護者の就労と子育ての両立等を支援するため、保護者の多様化した保育の需要に応じ」とある。家族形態の変化 (たとえば、核家族やひとり親家庭で頼る人がいないなど) や働き方の多様化 (たとえばシフト制や休日の勤務など) に応じて、保育所として子育てを支える対応が求められている。

　多様なニーズに合わせた対応としては、『保育所保育指針解説』(厚生労働省編，2018) によれば、以下の配慮点があげられている。

　　①病児保育事業：特に受け入れ体制やルールについて、保護者に十分に説明し、体調の急変時における対応の確認等、子どもの負担が少なくなるよう保護者と連携する。

　　②延長保育等：子どもの発達の状況、健康状態、生活習慣、生活のリズム及び情緒の安定に配慮して保育を行うよう留意する。

　　③夕方の食事又は補食の提供：子どもの状況や家庭での生活時間を踏まえて適切に行う。

　どのような事業を行う場合でも、「保護者の状況に配慮するとともに、子どもの福祉が尊重されるよう努め、子どもの生活の連続性を考慮すること」が重要である。

　また、「イ 子どもに障害や発達上の課題が見られる場合には、市町村や関係機関と連携及び協力を図りつつ、保護者に対する個別の支援を行うよう努めること」とある。この点については第11章など該当箇所を参考にされたい。

　さらに、「ウ 外国籍家庭など、特別な配慮を必要とする家庭の場合には、状況等に応じて個別の支援を行うよう努めること」とある。**外国にルーツをもつ子ども**[*1]については、たとえば、言葉の違いによるコミュニケーションの難しさ、文化や習慣が異なることなどにおいての相互理解の必要性があるだろう。対応における配慮について、『保育所保育指針解説』(厚生労働省編，2018) には以下のように記載されている。

　　①保護者の不安感に気付くことができるよう、送迎時などにおける丁寧なかかわりのなかで、家庭の状況や問題を把握する。

②子どもの発達や行動の特徴、保育所での生活の様子を伝えるなどして子どもの状況を保護者と共有する。

③保護者の意向や思いを理解した上で、必要に応じて市町村等の関係機関やかかりつけ医と連携するなど、社会資源を生かしながら個別の支援を行う。

この章では、特に外国にルーツをもつ子どもとその家庭に焦点をあて、考えていくこととする。

2 外国にルーツをもつ子どもとその家庭の現状と課題

保育所に通う外国にルーツをもつ子どもの数は、2008年の調査で回答を得た自治体のうち、約半数が把握していないとし、正確な人数はつかめない。しかし、2018年末の**在留外国人**(＊2)数は約273万人と過去最高となっており、保育所等に外国籍の子どもが在籍する可能性は高いといえる。入所を把握しているなかで人数が多いのは、以下の国である（図表15-1）。

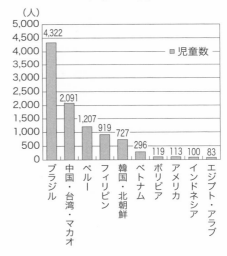

図表 15-1　国籍別・入所児童数グラフ（上位10か国）

（出典）日本保育協会（2009）

「保育の国際化に関する調査研究報告書」（日本保育協会，2009）によれば、外国籍の家庭が日本に滞在している背景として、「仕事を探すため」が約50％、「結婚」が約39％と理由の上位を占めている。また、「永住するつもり」が54％、「長期滞在予定」が46％と多い（調査方法は外国人保育を実施している保育者を対象とした調査票によるもの、回答項目は複数回答可として得られたものである）。保育所を利用する家庭においては、仕事や結婚により、日本で継続的に生活していく可能性のある方が多いことが予想される。以下に、子どもの保育や子ども・保護者とのかかわりにおいて配慮する際の視点をあげる。

(1) コミュニケーションに関する課題

自由に使える言葉が異なることで生じるコミュニケーションでの困難さは、園における意思の疎通において大きな課題であろう。

前掲の報告書に、自治体から寄せられた課題と配慮があげられている。いくつか内容を抜粋し、図表15-2に示す。

図表 15-2　コミュニケーションにおける課題と配慮

課　題	配　慮
言葉が通じない	漢字にはふりがなをふる。 外国語による「入所のしおり」を作成。 自治体の生活指導員（通訳）に依頼。 電話では難しいため、家庭訪問を行う。
子どもの育ちについての話や連携がしにくい	通訳を交えた懇談会を開催し、保護者の不安や悩みを解消する。
保護者同士のコミュニケーションがとりにくい	その国の料理のつくり方を教えてもらう等関係づくりのきっかけをつくる。

（出典）日本保育協会（2009）から抜粋し筆者作成

なお、課題と配慮に関しては同一の自治体で行われたものとは限らず、対応する内容のものを記載している。

　配慮の内容をみると、園でできる対応をしたり、社会資源を活用するなど、工夫がみられる。伝える・伝わるということには、信頼関係も重要であるため、日々にこやかに対応することや保育を真摯に行う等、相手が心配ごとを相談したいと感じられる態度でいることも重要である。

　また、咲間（2014）によれば、保護者は**母語**(*3)の方が自由に使えるが、子どもは園や学校で日本語習得が優先され、親子間のコミュニケーションが十分にとれない状況が生じていることが指摘されている。このことも、配慮が必要な点であろう。

（2）文化に関すること

　文化に関しても、国の習慣や宗教によるものなど、丁寧に情報収集し、対応を考えることが重要である（図表15-3）。

　園における対応を検討する際には、園で対応可能かどうか、ということとともに、相手の意向をくみ取り、お互いの"ちょうどよい"点を見つけ、納得した状態で気持ちよく過ごせることが重要である。そして、外国にルーツをもつ子どもが園に在籍することによる大変さばかりでなく、それをよい方向に活かすということもぜひ考えたい。お互いの文化（遊びや歌、絵本、行事、食べ物など）を知ることを通して、自分と異なる文化に理解を深めたり、**多様性を尊重**する気持ちを育てたりすることは、双方の子どもにとって体験が豊かになることでもあるし、その後の生活のなかでの**相互理解**につながると考えられる。

図表15-3　文化の違いにおける課題と配慮

課　題	配　慮
宗教による食事の制限がある	事前の十分な打ち合わせが必要。 除去食や代替食での対応。 弁当の持参をお願いする。
行事の意図が伝わらず、参加が得られない	子どもたちのルーツの国の手遊びや歌、楽器等を取り入れ、それを発表会や保育参観でも遊び、関心をもってもらう。

（出典）日本保育協会（2009）から抜粋し筆者作成

（3）発達の保障に関すること

　たとえば言葉が通じにくいことによって、活動がわからない、ルールがわからず友達との遊びに入れないなどの状況も予想される。このような場合には、言葉の壁が、遊びの体験の豊かさを奪ったり、友達と遊ぶ楽しさや達成感を奪うことになりかねない。そのような体験により自信をもって自分を表現することができにくくなる可能性もあるため、子どもの遊びが充実するよう配慮することが必要である。

　保育所保育指針では、遊びのなかの教育的視点、学びの重要性が明記され、子どもの育ちの方向目標として、幼児期の終わりまでに育ってほしい10の姿が示された。すべての子どもが主体的に生活や遊びに取り組めるようにしたい。また、幼保連携型認定こども園教育・保育要領では、「第1章第2　3特別な配慮を必要とする園児への指導　（2）海外から帰国した園児や生活に必要な日本語の習得に困難のある園児の幼保連携型認定こども園の生活への適応」において、「海外から帰国した園児や生活に必要な日本語の習得に困難のある園児については、安

心して自己を発揮できるよう配慮するなど個々の園児の実態に応じ、指導内容や指導方法の工夫を組織的かつ計画的に行うものとする」とある。在園する一人ひとりの**子どもの発達が保障**されるよう、活動内容の選び方、活動の展開の仕方などを考えていくことが重要である。

(4) 民族的アイデンティティーと日本への適応に関すること

咲間 (2014) によれば、「母語を使い、自文化を保持する機会が少ないことから、**民族的アイデンティティー**(*4)をもちにくく、自尊感情の低下につながること」(太字は筆者) が課題としてあげられている。さらに、日本語能力が限られる子どもに対して、日本の学校への適応や、日本社会への同調が求められることへの課題も指摘している。支援を考える際には、日本での生活とその家庭がもつ自国の文化の双方のバランスを意識することが必要であろう。

3　事例検討

(1) 事例Ⅰ：給食の場面に表れる多様な文化

以下の事例を読み、保育の場における外国にルーツをもつ家庭の理解、対応を考えましょう。

A先生が担任するクラスには、3名の外国にルーツをもつ家庭の子どもが在籍している。以下はそのクラスでの給食の場面である。

両親が韓国人の家庭のBちゃんは、茶碗を手で持たずに箸でご飯を口に運んでいた。また、同じく韓国から来たCくんは、ご飯とおかずをすべて混ぜてから食べはじめていた。A先生は、日本でのマナーを伝えたいという思いや、給食は味つけや食感等工夫されており、一つひとつを味わうことが食育につながると考えているため、「お茶碗を持とうね」、「混ぜないよ」と声かけをしていた。しかし、Bちゃん、Cくんはきょとんとしていた。それ以上どのように声かけをしたらよいか困っているうちに、2人は周りの子どもに合わせるようになっていった。

またある日、イスラム教を信仰する保護者の方が、「子どもがこうやって（手を合わせて）『いただきます』をしたというのでやめさせました」と伝えてきた。「園の方針ですか？」と聞くので、日本では多くの人がそのように食前の挨拶をしていることを伝えた。保護者から話を聞くと、手を合わせるのは仏教の習慣であるため、抵抗があることがわかった。そのやり取りから、A先生は、給食の食事の内容への配慮だけではなく、相手の文化のことをもっと理解して対応しなければと感じた。

①入所児童のルーツとして多い国を図表 15-1 のなかから 1 つ選び、その国の文化、子育て、マナー、食べ物、習慣を調べて、日本との違いを見つけましょう。〔10 分〕

②保育所の生活や遊びにおいて、保育者が配慮したいことをあげてみましょう。(5 分)

事例のように食事のマナーが日本と異なる子どもに対して、どのような支援がしたいかグループで話し合ってみましょう。また、その支援をすることがなぜ大事だと思ったか考えてみましょう。〔10 分〕

(2) 事例 2：外国にルーツをもつ家庭とのコミュニケーション

ある園での主任の話である。外国にルーツをもつ方が入園したときには、手紙にふりがなをふる、実物を見せる、メモで伝える等、工夫していたつもりであった。しかし、対応は本当にケースバイケースで、家庭に日本人がいる場合には、手紙を渡して読んでもらうようにしたり、中国系の保護者が複数在園していたときには、日本語が堪能な方に通訳を頼んだりしていた。ところが、以下のような、こちらの予想を超えることが起こることも多い。

　場面 A：かなり具合が悪そうなのに登園してきた親子がいた。「平熱より少し高いときには『お子さんの様子をよく見てください』」と伝えていたのですが……。

　場面 B：外国にルーツをもつ家庭は行事のときに遅れて来ることが多いのです。手紙はわかりやすくしているはずなのに……。

いろいろと対応を考えているなかで、日本人であっても宗教上の理由から「クリスマスは参加しません」という方や、調理が苦手で「お弁当がつくれない」という方がいて、対応してきたことを思い出した。相手の国籍にはかかわらず、こちらが「普通」「当たり前」と思わないことが大事。そして、相手から問い合わせがあったら、逆に、「自分たちはなぜそうしているのだろう？」と、園全体でそのやり方を見直してみることにもつながった。

①事例のなかの場面 A、B、について、なぜそのようなすれ違いが起きたのでしょうか？ また、どのようにしたらすれ違いが解消できるかを考えてみましょう。〔10分〕

（A）＿＿＿＿＿＿＿＿＿＿＿＿＿＿＿＿＿＿＿＿＿＿＿＿＿＿＿＿＿＿＿＿＿＿＿

＿＿

（B）＿＿＿＿＿＿＿＿＿＿＿＿＿＿＿＿＿＿＿＿＿＿＿＿＿＿＿＿＿＿＿＿＿＿＿

＿＿

②また、遠足や運動会、生活発表会等を想定し、行事の内容、集合時間・場所、タイムスケジュール、持ち物等がわかりやすいようなお便りを作成してみましょう。〔10分〕

4 事例の解説と考察

(1) 2つの事例を考える際にもちたい視点

　ひとつは、永住する予定なのか、近いうちに帰国する予定なのかということである。もうひとつには当事者がどうしたいのか、自分の文化と日本の文化のバランスをどのようにとっていきたいかということである。それらを考えることによって、支援の在り方も変わってくるだろう。「外国にルーツがあるから」ということでひと括りにせず、個別に相手の理解をすることが重要となる。

(2) 事例Ⅰについて

　文化の違いが食事の場面に表れた例である。ワーク 15-1 ①を行い、様々な文化があり、様々な生活や子育ての仕方があるのを感じることができただろう。また、ワーク 15-1 ②において、日本とは異なるマナーを目にしたとき、どのようにかかわりたい、支援したいと思っただろうか。「日本になじめるように教えてあげたい」と思っただろうか？ または、その文化のやり方を「認めたい」と思っただろうか？ 常に通用する正しい対応があるということではなく、相手を理解しようとコミュニケーションをとり、ともに納得して決めていくことが大切である。
　卜田ほか（2015）によれば、「相違点を『見えなくすること』ではなく、『違いを理解し、尊重し合える力を育てることが重要』」なのである。また、**多文化共生**においてめざす姿としてベリー（Berry, 1997）の研究から「統合」をあげている。「**統合**」とは、「異なる集団の文化を受容しつつ、自己の文化のアイデンティティーを維持しようとする態度」であるとし、異なる文化と触れたときに双方が尊重されたあり方であるといえる。また、「統合」以外の「同化（自文化

を放棄し、優位文化と接触する）」、「分離（自文化のみを保持し、優位文化との接触を避ける）」、「境界化（自文化とも優位文化とも距離を置く）」の課題も指摘されている。「同化」が進めば「将来のアイデンティティーの混乱」「家庭内で親と会話ができなくなる」など、「分離」が進めば、「日本社会の中での自己実現が難しくなる」など、「境界化」が進めば、「居場所の喪失につながる」などの可能性があるとしている。日本で生活することを支援しようと思うと、無意識のうちに「同化」の方向で支援を考えてしまう傾向があるのではないだろうか？　多文化共生の視点をもって支援を考えていきたい。

(3) 事例2について

　特にコミュニケーションについて考えさせられる事例である。園で生じていたすれ違いと対応は、以下のようなものであった。
　（A）：「お子さんの様子を見て」という表現ではこちらの意図が伝わっていなかったことがわかった。その後、「○度以上あるときは休んでください」と伝えるようにした。
　（B）：時間に必ずいる、というのは日本の文化だと気づいた（電車もダイヤ通りに走るのも日本くらいであると聞いたことを思い出した）。そこで、「○時にはじまるので○時に着いていてください」と、なぜその時間を伝えているのか意図を伝えたり、前日にも確認するようにした。
　図表15-3のような配慮のほかにも、口頭ではなくメモを利用する、家族に日本人がいる場合は通訳を頼む、実物を見せる等の対応は、スムーズに園生活が送ることの助けとなる。また、翻訳機能をもつアプリの活用もあるだろう。ただ、言葉が文字通り伝わればコミュニケーションといえるだろうか？　コミュニケーションとは、「人と人との間で知覚、感情、意思、思考などを伝達すること」であり、「他者から受け取った情報により、相手の心の状態を読み取ったり共感したりする相互作用も含まれる」こと、「媒体として言葉、表情、視線、身ぶりなどが用いられる」（谷田貝編, 2016）ということから、情報が正確に伝わるとともに意図が伝わること、双方向であること、そして言葉以外も活用してやり取りすることが大切であるといえる。
　また、自分たちを「普通」と思わない、と考えたことで、外国籍の家庭にも、また様々な日本人の家庭にも理解が深まり、柔軟な対応ができるようになったという事例の気づきにも目を向けたい。相手をよく理解しようとする姿勢は、相手の国籍に限らず大事なことであろう。相手の意向を尊重するためにも、「このようにしてください」ではなく、「わたしは（もしくはこの園では）このように考えています。あなたはどうしたいですか」と伝え、保護者が選べるようにするなど、幅をもたせることがあってもよいかもしれない。園で行う事柄について、どうしてもそうしなければならないのかを検討することは、園の保育の質を上げることにもつながると考える。

5　多様性が尊重される保育の場を目指して

　外国にルーツをもつ子どもとその家庭に対して、相互理解のためのコミュニケーション、文化の理解やアイデンティティーの尊重が大切である。母語ではない言語でコミュニケーション

をとる場合には、心配なこと、困っていることをすべて話せているかどうかはわからない。こちらから声をかけていくことや、表情をよく見る必要があろう。相手からの相談を待つ姿勢ではなく、保育者から寄り添っていくように心がけたい。

　対応には、たとえ無意識であっても、自分が何をよいと思うかなどの価値観が反映される。そう感じる背景や、それが何のために必要か、また必ずそうでなければいけないかを考えたり、話し合ったりしていくと、自分自身のものの見方を深く知ることができたり、相手への対応を柔軟に、相手の立場に立って考えることができることにつながるであろう。

　多様な人が在園していることをポジティブにとらえていくことも大切である。多様性を尊重にすることは、その人たちの支援でもあり、そのような支援をされているというのを見る、ということで、他の子どもたちの多様性の理解にもつながる。

　また、外国にルーツをもつ家庭への支援を考える際には、外国籍の家庭の失業率が日本人家庭よりも高いことや、離婚後ひとり親で子育てをしている家庭が多いことも押さえておかなければならない。その場合にはこれまでの学びを総合し、相手の状況を複合的にとらえてアセスメントをし、園でできる支援を考えることが重要である。

■ キーワード

コミュニケーション　多様性の尊重　相互理解　多文化共生　統合　子どもの発達の保障

■ 用語解説

* 1〔外国にルーツをもつ子ども〕　外国籍の子ども、両親またはどちらかが外国籍や外国出身者等の子ども。民族や国籍、来日の経緯、在日期間によってその状況は様々である。「外国につながる子ども」との表記もある。

* 2〔在留外国人〕　2012 年に導入された新しい在留管理制度で、「中長期在留者」および「特別永住者」とされる。たとえば、日本人の配偶者がいる場合や企業等での就労者、技能実習生や留学生などである。

* 3〔母語〕　家庭で使用されている言語や保護者にとっての第一言語で、子どもがその言葉を聞くなかで自然と身につける言語。母語と母国語（国籍をもつ国で使用される言語）は同じとは限らない。

* 4〔民族的アイデンティティー〕　自身のルーツへの帰属意識。生活する社会の文化への同化が促進されると、将来自身のルーツを意識したときに、自分とは何者なのかという葛藤が生まれる可能性が指摘されている。

■ ブックガイド

咲間まり子編（2014）『多文化保育・教育論』みらい▶現状と課題を押さえた上で、多文化保育・教育の必要性と意義がまとめられている。子どもの保育・教育と保護者への支援について豊富な事例をもとに解説され、保育者として多様な子どもとかかわる際に活かせる視点が学べる。

日本保育協会（2009）『保育の国際化に関する調査研究報告書』▶都道府県、政令指定都市、中核市、外国人児童の保育を実施している保育所を対象とした調査研究である。外国にルーツをもつ子どもの受け入れや保育士の研修、保護者とのコミュニケーション、配慮等、保育の現場における多文化共生の現状と課題が具体的に記載されている。（https://www.nippo.or.jp/Portals/0/images/research/kenkyu/h20international.pdf）

（丸橋　亮子）

引用・参考文献

第 1 章

厚生労働省編（2018）『保育所保育指針解説　平成 30 年 3 月』フレーベル館

最新保育士養成講座総括編纂委員会編（2019）『最新保育士養成講座　第 10 巻　子ども家庭支援——家庭支援と子育て支援』全国社会福祉協議会

柏女霊峰監修、全国保育士会編（2018）『改訂 2 版　全国保育士会倫理綱領ガイドブック』全国社会福祉協議会

第 2 章

厚生労働省編（2018）『保育所保育指針解説　平成 30 年 3 月』フレーベル館

バイステック，F.P. 著、尾崎新ほか訳（2006）『ケースワークの原則——援助関係を形成する技法（新訳改訂版）』（原著 1957 年）誠信書房

山縣文治・柏女霊峰編（2013）『社会福祉用語辞典（第 9 版）』ミネルヴァ書房

第 3 章

大日向雅美（2000）『母性愛神話の罠』日本評論社

厚生労働省（2017）「平成 28 年度 人口動態統計特殊方向『婚姻に関する統計』の概況」2017 年 1 月 18 日

森岡清美（1993）『現代家族変動論』ミネルヴァ書房

第 4 章

笠師千恵・小橋明子（2014）『相談援助・保育相談支援』中山書店

社会福祉士養成講座編集委員会監修（2015）『新・社会福祉士養成講座（7）相談援助の理論と方法 I（第 3 版）』中央法規

社会福祉士養成講座編集委員会監修（2015）『新・社会福祉士養成講座（8）相談援助の理論と方法 II（第 3 版）』中央法規

西村重稀・青井夕貴編（2019）『新基本保育シリーズ 19　子育て支援』中央法規

第 5 章

青木智子・水國照充・木附千晶（2011）『エクササイズで学ぶ心理学』北樹出版

青柳宏（2006）『はじめたらやめられない自己分析ワークシート』中経出版

社会福祉士養成講座編集委員会監修（2015）『新・社会福祉士養成講座（7）相談援助の理論と方法 I（第 3 版）』中央法規

社会福祉士養成講座編集委員会監修（2015）『新・社会福祉士養成講座（8）相談援助の理論と方法 II（第 3 版）』中央法規

中嶌洋・園川緑編著（2015）『保育・社会福祉学生のための相談援助入門』萌文書林

古川繁子編著（2014）『相談援助ワークブック』学文社

八巻寛治（2009）『社会的スキルを育てるミニエクササイズ基礎基本 30』明治図書出版

山辺朗子（2011）『ジェネラリスト・ソーシャルワークの基盤と展開』ミネルヴァ書房

第 6 章

久保美紀（2013）「共感」山縣文治・柏女霊峰編『社会福祉用語辞典（第 9 版）』ミネルヴァ書房

前田敏雄監修（2014）『学ぶ・わかる・みえる　シリーズ保育と現代社会　演習・保育と相談援助（第 2 版）』みらい

森本美絵・向井通郎（2006）『保育士をめざす人への社会福祉援助技術』ふくろう出版

山田容（2003）『ワークブック社会福祉援助技術演習① 対人援助の基礎』ミネルヴァ書房

山辺朗子（2003）『ワークブック社会福祉援助技術演習② 個人とのソーシャルワーク』ミネルヴァ書房

第 7 章

倉石哲也・鶴宏史 (2019)『保育ソーシャルワーク』ミネルヴァ書房

佐藤伸隆・中西遍彦編 (2014)『演習・保育と相談援助 (第 2 版)』みらい

ソーシャルワーク演習研究会 (2018)『学生・教員・実践者のためのソーシャルワーク演習』ミネルヴァ書房

樽井正義 (1990)「インフォームド・コンセントの倫理」哲学 (91), 225-242

西村重稀・青井夕貴編 (2019)『新保育シリーズ 19　子育て支援』中央法規出版

狭間香代子 (2000)「自己決定とストレングス視点」『社会福祉学』*40* (2), 39-56

増沢高 (2018)『ワークで学ぶ子ども家庭支援の包括的アセスメント——要保護・要支援・社会的養護児童の適切な支援のために』明石書店

山縣文治・柏女霊峰編 (2013)『社会福祉用語辞典 (第 9 版)』ミネルヴァ書房

第 8 章

倉石哲也・鶴宏史 (2019)『保育ソーシャルワーク』ミネルヴァ書房

佐藤伸隆・中西遍彦編 (2014)『演習・保育と相談援助 (第 2 版)』みらい

西村重稀・青井夕貴編 (2019)『新保育シリーズ 19　子育て支援』中央法規出版

増沢高 (2018)『ワークで学ぶ子ども家庭支援の包括的アセスメント——要保護・要支援・社会的養護児童の適切な支援のために』明石書店

第 9 章

品川区 (2019)『のびのび育つしながわっこ (改定第 4 版)』品川区こども未来部保育課

ミキハウス (2018)「子育ての悩み調査」
　https://baby.mikihouse.co.jp/information/post-9268.html (2019.8.4 閲覧)

第 10 章

厚生労働省 (2018)「平成 29 年国民生活基礎調査の概況」

牧野カツコ (1982)「乳幼児をもつ母親の生活と〈育児不安〉」『家庭教育研究所紀要』(3), 34-56

牧野カツコ (2005)『子育てに不安を感じる親たちへ——少子化家族のなかの育児不安』ミネルヴァ書房

第 11 章

Drotar, D., Baskiewicz, A., Irvin, N., Kennell, J., & Klaus, M. (1975) The adaptation of parents to the birth of an' infant with a congenital malformation : A hypothetical model, *Pe-diatrics, 56* (5), 710-717.

玉井邦夫 (2018)『エピソードで学ぶ 子どもの発達と保護者支援——発達障害・家族システム・障害受容から考える』明石書店

中田洋二郎 (1995)「親の障害の認識と受容に関する考察——受容の段階説と慢性的悲哀」『早稲田心理学年報』*27*, 83-92

中田洋二郎 (2018)『発達障害のある子と家族の支援』学研プラス

守巧 (2015)『気になる子とともに育つクラス運営・保育のポイント』中央法規

第 12 章

秋田喜代美・馬場耕一郎監修 (2018)『保護者支援・子育て支援 (保育士等キャリアアップ研修テキスト)』中央法規

小原敏郎・橋本好市・三浦主博編集 (2016)『学ぶ・わかる・みえる　シリーズ保育と現代社会　演習・保育と保護者への支援——保護者相談支援』みらい

倉石哲也・伊藤嘉余子監修、伊藤嘉余子・澁谷昌史編著 (2017)『はじめて学ぶ子どもの福祉 1　子ども家庭福祉』ミネルヴァ書房

厚生労働省 (2017)「平成 28 年度全国ひとり親世帯等調査結果」
　https://www.mhlw.go.jp/file/06-Seisakujouhou-11920000-Kodomokateikyoku/0000190327.pdf (2019.8.8 閲覧)

厚生労働省編 (2018)『保育所保育指針解説』フレーベル館

厚生労働省子ども家庭局家庭福祉課 (2019)「ひとり親家庭等の支援について」

https://www.mhlw.go.jp/content/000539080.pdf（2019.8.8 閲覧）

前田敏雄監修（2014）『学ぶ・わかる・みえる　シリーズ保育と現代社会　演習・保育と相談援助（第 2 版）』み らい

しんぐるまざあず・ふぉーらむ編著（2016）『シングルマザー 365 日サポートブック』イニュイック

第 13 章

神奈川県（2009）「早期発見のためのチェックリスト」
　https://www.pref.kanagawa.jp/docs/w6j/gyakutaitaisakusienka/soukihakken.html（2019.8.1 閲覧）

厚生労働省（2013）「子ども虐待対応の手引き（平成 25 年 8 月改正版）」

厚生労働省（2018）「平成 29 年度　児童相談所での児童虐待対応相談件数（速報値）」（『読売新聞』2019 年 8 月 1 日掲載）

髙橋重宏編（2001）『子ども虐待』有斐閣

第 14 章

厚生労働省（2013）「子ども虐待対応の手引き（平成 25 年 8 月改正版）」

厚生労働省（2015）「児童養護施設入所児童等調査結果（平成 25 年 2 月 1 日）」
　https://www.mhlw.go.jp/file/04-Houdouhappyou-11905000-Koyoukintoujidoukateikyoku-Kateifukushika/ 0000071184.pdf（2019.8.1 閲覧）

厚生労働省（2020）「児童養護施設入所児童等調査の結果（平成 30 年 2 月 1 日）」
　https://www.mhlw.go.jp/content/11923000/000595122.pdf（2020.3.10 閲覧）

厚生労働省子ども家庭局家庭福祉課（2019）「社会的養育の推進に向けて」
　https://www.mhlw.go.jp/content/000503210.pdf（2019.8.18 閲覧）

厚生労働省雇用均等・児童家庭局（2012）「児童養護施設運営指針」
　https://www.mhlw.go.jp/bunya/kodomo/syakaiteki_yougo/dl/yougo_genjou_04.pdf（2019.8.1 閲覧）

髙橋重宏編（2001）『子ども虐待』有斐閣

東京都福祉保健局（2017）「東京都における児童養護施設等退所者の実態調査報告書（全体版）」
　http://www.metro.tokyo.jp/tosei/hodohappyo/press/2017/02/24/documents/09_01.pdf（2019.8.1 閲覧）

橋本好市（2014）『演習・保育と社会的養護内容』みらい

藤田恭介（2004）「児童相談所との関係性・施設のファミリーソーシャルワーカーへの期待」『季刊児童養護』 35（2）

第 15 章

Berry, John W.（1997）Immigration, Acculturation, and Adaptation, *Applied Psychology, 46,* 5-34.

卜田真一郎・平野知見（2015）『園の多文化化の状況をふまえた多文化共生保育の実践』エイコー印刷

厚生労働省編（2018）『保育所保育指針解説　平成 30 年 3 月』フレーベル館

咲間まり子編（2014）『多文化保育・教育論』みらい

内閣府・文部科学省・厚生労働省（2018）『幼保連携型認定こども園教育・保育要領解説　平成 30 年 3 月』フ レーベル館

日本保育協会（2009）「保育の国際化に関する調査研究報告書」
　https://www.nippo.or.jp/Portals/0/images/research/kenkyu/h20unei.pdf（2019.8.27 閲覧）

法務省「平成 30 年末現在における在留外国人数について」
　http://www.moj.go.jp/nyuukokukanri/kouhou/nyuukokukanri04_00081.html（2019.8.27 閲覧）

法務省「新しい在留管理制度がスタート！」
　http://www.immi-moj.go.jp/newimmiact_1/port-city.html（2019.8.27 閲覧）

谷田貝公昭編（2016）『新版　保育用語辞典』一藝社

索　引

あ　行

アウトリーチ　71

アセスメント　37, 46, 48, 51

アドボケイト　41, 107

アドミッションケア　100

アフターケア　100

一時保育事業　65

インケア　100

インターベンション（介入）　41, 49, 50

インテーク　36, 46

インフォーマル　19, 21, 43

インフォームド・コンセント　37, 44

エコマップ　38-40, 47, 86

援助関係　8

エンパワーメント　65

親の会　73

か　行

外国にルーツをもつ子ども　108, 115

核家族化　12

家族観　12

価値観　8, 30

家庭支援専門相談員　101, 106

関係機関　43

共感　30

協働　42, 43

教育基本法　14

傾聴　31, 34

言語的コミュニケーション　32

子育て支援　2

子育て支援課　87, 88

子育て世代包括支援センター　93

子育てのパートナー　7, 8

子どもの権利条約　3, 6

子どもの最善の利益　2, 6

子どもの発達の保障　111

子どもの貧困率　13

個別性　76

個別対応職員　101

コミュニケーション　32, 108, 109, 114

孤立化　55

さ　行

在留外国人　109, 115

里親　99, 107

ジェノグラム　38-40, 47, 58, 86

支援計画　40

支援ニーズ　13

自己覚知　24, 29

自己理解　24

次世代育成支援対策推進法　14

自治体　43

児童虐待防止法　89, 93

児童相談所　93, 101, 107

児童の権利に関する条約　3, 6, 14

児童の最善の利益　2, 6

児童養護施設　99

社会資源　43, 81, 88

社会的養護　99

終結　41, 52

受容　7, 10

障害受容　77

少子化　12

身体的虐待　90, 91

信頼関係（ラポール）　8, 30, 31, 37

心理的虐待　90, 91

生活課題　38

精神保健福祉センター　97, 98

性的虐待　90, 91

性別役割分業意識　13

全国保育士倫理綱領　4, 6

専門職　43

相互理解　8, 114

ソーシャルサポート　73

た　行

他者理解　26

多文化共生　113

多様性の尊重　110, 115

段階説モデル　77

地域子育て支援センター　64

地域の子育ての拠点　65

通告の義務　93

つどいの広場　64

ＤＶ　91, 95

統合　113

都市化　12

図書館　20

な・は　行

ネグレクト　90, 95, 97

バイステックの7原則　9, 11, 105

晩婚化　12

非言語的コミュニケーション　33

ひとり親家庭医療費助成制度　87, 88

ひとり親家庭日常生活支援事業　87, 88

病院　20

評価　41, 52

ファミリーサポートセンター　87, 88

ファミリーソーシャルワーカー　106

ファミリーホーム　99, 107

フェイスシート　37, 44

フォーマル　19, 23, 43

婦人相談所　98

プランニング　40, 49-51

保育士（者）の専門性　3, 21, 69

保育所の特性　69

保育所保育指針　7, 64, 108

保健師　106

母語　110, 115

保護者支援　76

母子生活支援施設　98

ま　行

マクロ・レベル　17

ミクロ・レベル　17

未婚率　12

3つの間　22

民族的アイデンティティー　111, 115

メゾ・レベル　17

モニタリング　41, 52

や・ら・わ　行

要支援児童　95, 98

要保護児童　99

らせん型モデル　78

リービングケア　100

連携　15, 42, 43

ロールプレイング　59

ワンオペ育児　54

執筆者紹介 (執筆順)

佐藤 恵 (さとう・めぐみ) (第1章)

清和大学短期大学部こども学科専任講師。専門は児童福祉。主な著書は、『社会的養護Ⅰ』、『社会的養護Ⅱ』（共著、大学図書出版）、『幼稚園・保育所・認定こども園実習パーフェクトガイド』（共著、わかば社）、『施設実習パーフェクトガイド』（共著、わかば社）。

八田清果 (はった・さやか) (第2章、第6章)

埼玉東萌短期大学准教授。専門は、家族福祉・障害理解。主な著書は、『子ども家庭福祉』（共著、大学図書出版）、『学ぶ・わかる・みえる シリーズ保育と現代社会 保育と家庭支援（第2版）』（共著、みらい）、『保育士のための相談援助』（共著、学文社）。

佐藤 純子 (さとう・じゅんこ) (第3章、第9章、第10章)

流通経済大学社会学部社会学科教授。専門は家族社会学。主な著書は、『親こそがソーシャルキャピタル――プレイセンターにおける協働が紡ぎだすもの』（単著、大学教育出版）、『早わかり子ども・子育て支援新制度』（共編著、ぎょうせい）、『保育と子ども家庭支援論』（共著、勁草書房）。

室井 佑美 (むろい・ゆみ) (第4章、第5章)

山村学園短期大学子ども学科准教授。専門分野は、保育学、ソーシャルワーク。主な著書は、『相談援助』（共著、一藝社）、『保育を学ぶシリーズ① 保育内容人間関係』（共著、大学図書出版）、『〈領域〉人間関係ワークブック』（共著、萌文書林）。

佐藤 ちひろ (さとう・ちひろ) (第7章、第8章) ⇒ 奥付参照。

松倉 佳子 (まつくら・よしこ) (第7章、第8章) ⇒ 奥付参照。

原 信夫 (はら・しのぶ) (第7章2) ⇒ 奥付参照。

守 巧 (もり・たくみ) (第11章)

こども教育宝仙大学こども教育学部教授。専門は、幼児教育学・保育学・特別支援教育学。主な著書は、『気になる子の保育 「伝わる言葉」「伝わらない言葉」』（単著、中央法規出版）、『保育内容 環境――あなたならどうしますか？』（共編著、萌文書林）、『"気になる子" と育ち合うインクルーシブな保育』（共著、チャイルド本社）など。

石本 真紀 (いしもと・まき) (第12章)

宇都宮共和大学子ども生活学部准教授。専門は社会福祉学、社会的養護。主な著書は『現代の保育と社会的養護』（共著、学文社）、『事例で学ぶ4 社会福祉援助技術Ⅲ』（共著、学文社）、『新訂 知りたいときにすぐわかる 幼稚園・保育所・児童福祉施設等実習ガイド』（共著、同文書院）など。

髙橋 雅人 (たかはし・まさと) (第13章、第14章)

湘北短期大学保育学科准教授。専門は社会的養護、仏教福祉。主な著書は、『ソーシャルワーカー――仕事発見シリーズ35』（単著、実業之日本社）、『改訂 はじめて学ぶ社会福祉』（共著、建帛社）、『子ども家庭支援論』（共著、北樹出版）など。

丸橋 亮子 (まるはし・りょうこ) (第15章)

恵泉女学園大学人間社会学部准教授。専門は、発達心理学、乳児保育、子育て支援。主な著書は、『親と子が育ちあう「今」――30年を迎えた日立家庭教育研究所の実践活動から』（共著、小平記念日立教育振興財団日立家庭教育研究所）、『コンパス 乳児保育』（共著、建帛社）、『乳児保育Ⅰ』『乳児保育Ⅱ』（共著、一藝社）など。

執筆協力

(葛飾区公立保育園保護者支援グループ)

二瓶 保　　大上 華子　　高畑 佳永　　岩元 祥子　　難波 晴香　　黒澤 真未子

編著者

原　信夫（はら・しのぶ）

立教大学学生相談所カウンセラー、立教大学現代心理学部教授。専門は臨床心理学、カウンセリング。主な著書は、『子ども家庭支援の心理学』（共編著、北樹出版）、『心理援助アプローチのエッセンス』（共著、樹村房）、『保育の心理学Ⅰ』（共著、大学図書出版）、『保育の心理学Ⅱ』（共著、大学図書出版）など。

松倉　佳子（まつくら・よしこ）

こども教育宝仙大学こども教育学部准教授。専門は社会福祉学。主な著書は、『新・社会福祉原論』（共著、みらい）、『シリーズ保育と現代社会　保育と子ども家庭福祉』（共著、みらい）など。

佐藤　ちひろ（さとう・ちひろ）

白鴎大学教育学部准教授。専門は児童福祉。主な著書は、『新版いちばんはじめの社会福祉』（分担執筆、樹村房）、『よくわかる女性と福祉』（共著、ミネルヴァ書房）、『子ども家庭支援の心理学』（共著、北樹出版）、論文に「児童養護施設における『問題行動』への対応に関する研究」（単著、東洋大学人間科学研究紀要第 21 号所収）など。

子育て支援──「子どもが育つ」をともに支える

2020 年 4 月 30 日　初版第 1 刷発行		
2022 年 4 月 1 日　初版第 2 刷発行	編著者	原　　信　夫
		松　倉　佳　子
		佐　藤　ち　ひ　ろ
	イラスト	宮　野　里　枝
定価はカバーに表示	発行者	木　村　慎　也
		印刷・製本　新灯印刷

発行所　株式会社　北樹出版

http://www.hokuju.jp

〒153-0061　東京都目黒区中目黒1-2-6

TEL：03-3715-1525（代表）　FAX：03-5720-1488